I0561388

LE MEILLEUR DE

LES MOTS D'ADOS

VOIX NOUVELLES

LE MEILLEUR DE
LES MOTS
D'ADOS

Nouvelles et légendes

la
nouvelle
plume

Samantha Cyr, Carlie Douglass, Laura Doyon, Gabrielle Dufresne, Samantha Cyr,
Carlie Douglass, Laura Doyon, Gabrielle Dufresne, Marie Hardouin, Bécla Ishimwe,
Andréanne Lavoie, Roxanne Masson, Sofia Muzychka, Élise Pelchat
Le meilleur de *Les Mots d'ados*
Collection : Voix nouvelles
ISBN 978-2-924237-18-2

Recommandé pour les jeunes de 12 ans et plus

Catalogage avant publication de Bibliothèque et Archives Canada
Le meilleur de Les Mots d'ados.
(Voix nouvelles)
ISBN 978-2-924237-18-2 (couverture souple)
1. Écrits d'élèves du secondaire canadiens-français--Saskatchewan.
2. Prose d'élèves canadiennes-françaises--Saskatchewan.
PS8235.S4M433 2017   C843'.01089283   C2017-901674-1

Nous remercions Patrimoine canadien pour son appui à
notre programme de publication.

**Patrimoine   Canadian
canadien   Heritage**

Nous remercions le Conseil culturel fransaskois pour son appui via
le Programme d'aide aux membres associatifs (PAMA).

Illustration de la couverture : Gabrielle Dufresne
Maquette de la couverture : Noblet Design Group
Conception graphique et mise en page : fast pixel communications

© Éditions de la nouvelle plume 2017
Éditions de la nouvelle plume, coopérative ltée
3850, rue Hillsdale, bureau 130
Regina (Saskatchewan) S4S 7J5
306-352-7435
nouvelleplume@sasktel.net
www.plume.avoslivres.ca

Mot de l'éditeur

À ceux qui se demandent si les jeunes francophones vivant en milieu minoritaire ont un intérêt pour la création littéraire en français et une curiosité pour explorer différents genres, je vous assure que oui!

Grâce à une initiative de La Troupe du Jour de Saskatoon, et à l'appui du Conseil des écoles fransaskoises, entre 2007 et 2015, près d'un millier d'élèves fransaskois de la 9ᵉ à la 12ᵉ année ont participé au concours Les Mots d'ados. Encadrés par des auteurs professionnels, au fil des ans les élèves des quatre coins de la province ont écrit des contes, des nouvelles et des légendes. À la suite d'un processus de sélection, des dizaines d'élèves ont pu bénéficier de fins de semaine de développement en ateliers pour peaufiner leurs textes.

Chaque année, de trois à cinq textes gagnants ont eu droit à une mise en lecture publique dans un cadre professionnel sur la scène du Studio 914 de La Troupe du Jour dans le cadre du Festival Découvertes. De plus, les gens de partout ont pu découvrir certains de ces textes grâce à un partenariat avec l'hebdomadaire fransaskois l'Eau vive qui a publié certains des textes gagnants en feuilletons.

Les Éditions de la nouvelle plume de Regina, le seul éditeur francophone à l'ouest du Manitoba, qui soutient la création littéraire de l'Ouest et du Nord depuis 1984, sont heureuses de publier une sélection des meilleurs textes gagnants. Vous trouverez dans ce recueil onze histoires drôles, touchantes, inspirantes, qui nous font voyager à travers diverses époques et divers territoires. Puissent ces histoires en inspirer d'autres.

Nous tenons à saluer le talent des jeunes auteurs de la province, mais aussi le leadership de La Troupe du Jour et du Conseil des écoles fransaskoises qui ont contribué, grâce à ce projet d'envergure, à l'éclosion de voix nouvelles, en plus de leur avoir permis d'affermir leur identité linguistique et culturelle.

Bonne lecture!

Laurier Gareau
Président, Éditions de la nouvelle plume

Mot de La Troupe du Jour

En 2007, *La Troupe du Jour de Saskatoon, la seule compagnie de théâtre professionnelle francophone en Saskatchewan, cherchait une façon de capter la voix des adolescents de la province pour un spectacle. S'inspirant du projet Les Zurbains du Théâtre Le Clou, de Montréal, la compagnie a recruté l'auteur et comédien fransaskois Gilles Poulin-Denis pour animer des sessions d'écriture dans les écoles du Conseil des écoles fransaskoises (CÉF). Le résultat a mené à la création d'un premier spectacle Les Mots d'ados en 2008.*

Au final, des centaines d'élèves du CÉF ont participé aux sept éditions du programme Les Mots d'ados. Des milliers de nouvelles, de contes et de légendes ont été écrits par de jeunes auteurs en herbe. Chaque année, La Troupe a présenté les meilleurs textes lors de lectures publiques.

Depuis plusieurs années, nous espérions voir les meilleurs textes publiés et distribués à travers le pays. Nous sommes heureux que les Éditions de la nouvelle plume aient choisi de publier les onze meilleures nouvelles et légendes.

La Troupe du Jour veut remercier tous ceux et celles qui ont contribué au succès de Les Mots d'ados au fil des ans, les formateurs, les lecteurs, les comédiens et les enseignants qui ont appuyé l'initiative, et surtout le Conseil des écoles fransaskoises qui a subventionné le travail pendant toutes ces années.

Un des objectifs était d'encourager les adolescents des écoles fransaskoises à écrire des histoires et à s'intéresser au théâtre. Nous sommes fiers d'avoir recruté à La Troupe l'animatrice théâtrale Gabrielle Dufresne qui a été l'une des premières gagnantes de Les Mots d'ados. Gabrielle a fait un baccalauréat en théâtre à l'Université de Regina, puis une maîtrise au Conservatoire Royal de Glasgow, en Écosse. Comme elle le dit elle-même, c'est quand elle a assisté à la mise en lecture de son texte Une cicatrice comme souvenir que le déclic s'est produit : elle allait se consacrer au théâtre. Mission accomplie!

Denis Rouleau
Directeur artistique et général

**Dix jeunes Fransaskoises
nous racontent des histoires**

Profils des auteures

Samantha Cyr de Ponteix

Je suis née au Manitoba et j'ai vécu sur une ferme. En 2008, ma famille et moi avons déménagé en Saskatchewan. Nous vivons sur une ferme de bétail près de Ponteix et j'aide à faire les travaux. Je fréquente l'École Boréale depuis la 4e année. Je suis présentement en 12e année. J'aime apprendre, dessiner et lire des romans. C'est en 2014 que j'ai participé au concours *Les Mots d'ados*. C'était une bonne expérience et j'ai appris plusieurs choses lors des ateliers, ce qui m'a aidée encore plus avec mes cours par la suite.

Carlie Douglass de Gravelbourg

Ça fait neuf ans que j'ai rédigé un texte pour un cours de français qui a été soumis au concours *Les Mots d'ados*. J'ai eu le plaisir de travailler avec l'équipe de La Troupe du Jour. C'était une très belle expérience comme adolescente. Ça m'a fait plaisir quand j'ai su que certains des textes que nous avons rédigés seront maintenant compilés pour publication. J'ai terminé mes études secondaires au Collège Mathieu, à Gravelbourg. Après, j'ai poursuivi mes études afin d'obtenir un baccalauréat en Sciences infirmières à l'Université de Saint-Boniface, à Winnipeg. Je travaille maintenant comme infirmière dans la petite communauté de Gravelbourg.

Laura Doyon de Moose Jaw

Je suis très créative et je vois l'écriture comme une forme d'art. Le concours *Les Mots d'ados* a été pour moi une chance de m'exprimer et de m'encourager à continuer à écrire. En travaillant avec des auteurs et des acteurs, j'ai eu la chance d'améliorer mon écriture et de développer des trucs que je n'aurais pas appris sans ce concours. Maintenant, je tire profit de mes habiletés d'écriture dans la poursuite de mes études. Je suis présentement dans le programme de Architectural Technologies de Saskatchewan Polytechnic, à Moose Jaw, et j'espère poursuivre mes études pour un jour devenir architecte.

Gabrielle Dufresne de Regina

Gabrielle est comédienne, éducatrice en théâtre, et passe son temps libre à écrire et à faire des bijoux. Elle est diplômée de l'Université de Regina, et a obtenu sa Maîtrise en théâtre au Conservatoire Royal de Glasgow, en Écosse. Avoir participé à *Les Mots d'ados* lors de la première année du projet fut un exploit qui déclencha en Gabrielle le besoin absolu de faire sa vie dans le monde du théâtre.

Marie Hardouin de Saskatoon

Je suis née en 2000, à Paris, et ma famille s'est établie à Saskatoon quand j'avais quatre ans. Jusqu'en 2014, j'ai fréquenté l'École canadienne-française où on m'a encouragée à développer ma passion pour la langue française. J'ai toujours été une mordue de lecture et d'écriture. C'était un moyen pour moi de développer mon imagination. Les ateliers d'écriture de *Mots d'ados* m'ont non seulement aidée à améliorer mon style, mais ils m'ont donné un aperçu du long processus de création et d'édition. En juin 2017, je graduerai et partirai étudier dans une université canadienne, toujours avec une nouvelle histoire en tête.

Bécla Ishimwe de Saskatoon

Je suis Bécla, j'ai 17 ans et présentement je finis ma première année universitaire à l'Université de la Saskatchewan. Depuis que j'étais petite, la lecture est une des choses que j'apprécie beaucoup. Mais ce n'est que depuis mon expérience avec *Les Mots d'ados* que je reconnais l'art de l'écriture. C'est un outil qui permet de créer un autre monde rempli de vie et d'aventures! J'ai composé ce texte à 13 ans et pour moi, ce récit représente ma première expérience dans l'art de créer sur papier.

Andréanne Lavoie de Saskatoon

Andréanne vit présentement à Hamilton et va à l'Université McMaster. Elle fait une double majeure en biologie et en psychologie. Elle enseigne aussi la gymnastique à temps partiel dans un club à Burlington et adore voir ses élèves s'améliorer. Malgré sa curiosité pour la mémoire, les neurones et le cerveau, elle n'a jamais arrêté d'écrire! Elle se promène toujours avec son carnet et pense sans cesse à de nouvelles idées. Elle rêve d'écrire une histoire qui combinerait son savoir en neuroscience et son amour pour l'écriture.

Roxanne Masson de Regina

Roxanne Masson, élève de 11e année, fréquente l'école Monseigneur de Laval-PSQV, à Regina. Elle adore la lecture depuis qu'elle est toute petite et peut toujours être vue avec un livre à la main. En tant qu'ambassadrice de Français pour l'avenir 2016-2017, en Saskatchewan, elle reste active dans sa communauté. Elle participa aussi à Jeun'info, en 2016, en tant que jeune journaliste à Radio-Canada. Roxanne a été finaliste du concours *Les Mots d'ados* en 2014-2015.

Sofia Muzychka de Saskatoon

Je m'appelle Sofia. Je suis née à Saint-Jean, Terre-Neuve-et-Labrador, en l'an 2000. Je vis à Saskatoon depuis l'âge de 11 ans et je fréquente l'École canadienne-française. Je joue du violon et du baryton à l'école et dans un orchestre. Écouter et faire de la musique sont mes deux passe-temps préférés. C'est ma vie à Terre-Neuve et mon amour pour l'océan qui m'ont inspiré *La Bouteille*.

Élise Pelchat de Zenon Park

J'ai vécu toute mon enfance à Zenon Park où j'ai souvent trait les vaches et pris de longues balades en bicyclette. J'ai terminé mes études secondaires à l'école Notre-Dame-des-Vertus et je me suis ensuite inscrite à l'Université de Regina, en 2013. Je termine présentement mon baccalauréat en administration des affaires, avec une spécialité en comptabilité. Dans quelques mois, je déménagerai en Alberta pour commencer un emploi à temps plein où j'étudierai pour devenir comptable agréée. Je suis fière d'être Fransaskoise et d'avoir pu participer à plusieurs activités francophones dans la province telles que *Les Mots d'ados*.

La bouteille

Sofia Muzychka
École canadienne-française, Saskatoon

L'eau bleue de la mer scintille. Le soleil m'aveugle et chauffe le sable. Je respire l'air salé, imaginant que la mer elle-même est en train de rentrer en moi et de couler dans mes veines. Ici, sur la côte est de l'Australie, il fait presque toujours beau comme aujourd'hui.

– Alice! Arrête de niaiser et rentre dans l'eau! lance mon entraîneur, Manu.

Je soupire, j'avance, et je place ma planche de surf sur l'eau.

– D'accord.

Je me mets à plat ventre sur ma planche et je commence à pagayer avec mes bras.

Le surf, c'est quelque chose que je fais depuis longtemps. Mes parents, eux, n'en font pas, mais ils m'ont introduite à ce sport parce que nous vivions dans une maison en bordure de la mer de Corail. Ils ont embauché mon entraîneur personnel, Manu. Depuis ce temps-là, je participe régulièrement à des concours pour gagner des trophées, planches de surf, et même de l'argent.

Aujourd'hui, je participe à la compétition régionale de la Côte d'Or de l'Australie. Le prix à gagner : 2 000 dollars! Je veux vraiment gagner. Il me faudrait une nouvelle planche, une belle planche avec mes couleurs préférées.

Moi et les autres surfeuses sommes sur nos planches, dans l'eau. Quand le sifflet retentit, nous commençons à pagayer.

C'est une compétition difficile, mais je surfe avec chaque goutte d'énergie qui reste dans mon corps, en attaquant chaque vague comme si ma vie en dépendait. Je sors de l'eau avec un grand sourire. J'ai gagné! Manu me félicite et, ensemble, nous allons chercher mon trophée et les 2 000 dollars.

– Tu pourras acheter ta planche!

Je m'assieds dans le sable chaud. J'échappe un petit cri de douleur quand un objet dur fait pression sur ma peau. Je me retourne et je creuse un peu dans le sable. C'est un flacon en verre qui ressemble à une bouteille incolore de jus de pomme. Je pense voir quelque chose à l'intérieur, mais elle est si sale que je ne suis pas sûre. Je ne parviens pas à ouvrir la bouteille. Je la ramasse tout de même, avec ma planche et mon trophée, et je me dirige vers ma camionnette. Je jette ma planche dans le coffre. Ensuite, je frappe la bouteille contre la poubelle qui se trouve dans le stationnement et elle se brise, libérant un papier un peu déchiré, de couleur jaunâtre.

– Pas vrai!

Je déplie doucement le papier, je m'assieds dans mon siège et je commence à lire.

Le 5 novembre 2009

Salut!

Si tu lis cette lettre, ça veut dire que tu as trouvé ma bouteille. Je m'appelle Noémie et j'ai 10 ans. Je viens de Victoria, au Canada. Je fais de la natation, du jardinage, et j'aime la photographie et les animaux.

Mon chat, Grisou, a été frappé par une auto, hier. J'ai tellement de chagrin, car c'était mon meilleur ami. Il me manque tellement déjà. Il faisait tout le temps des affaires drôles. Une fois, il a mangé tout le contenu de bouffe de poisson qu'on avait acheté pour notre aquarium.

Ma maîtresse m'a dit qu'écrire au sujet de nos sentiments nous aide à les libérer. Elle a raison! Je me sens déjà mieux. Merci de m'avoir écoutée, personne inconnue!

Si ça te tente de me contacter, envoie-moi un courriel! J'aimerais vraiment discuter avec toi.

À plus tard,

Noémie Saint-Richard
noemie.sr@mail.com

Intéressant. Ce n'est pas souvent qu'on trouve des messages dans des bouteilles, surtout provenant de si loin.

Durant le trajet jusque chez moi, je pense à Noémie. Elle a maintenant 15 ans. Se souvient-elle d'avoir envoyé cette lettre? Ça doit. On n'oublie pas des choses comme ça. Est-ce que je devrais répondre? Ça ferait quoi de parler avec cette fille? Ça me distrairait pendant la saison de surf. Par contre, je me sens mal pour elle. Elle dit que son chat était son meilleur ami. Peut-être qu'elle n'a pas d'autres amis que ses chats? Je comprends cela. Je passe tellement de temps dans l'océan que je n'ai presque personne avec qui je peux me considérer amie.

Quand j'arrive chez moi, je monte dans ma chambre, je prends mon courage à deux mains et j'envoie un message à l'adresse courriel que Noémie a fournie.

Salut,

Je m'appelle Alice, j'ai 16 ans, et aujourd'hui j'ai trouvé une bouteille sur la plage, avec une lettre dedans. C'est toi qui l'as envoyée? J'espère que j'ai la bonne adresse. Ton message, il est arrivé jusqu'en Australie!

Bon, je ne sais plus quoi d'autre ajouter. J'aimerais vraiment communiquer plus avec toi. Donc, ça serait très chouette si tu répondais.

Mes condoléances pour la mort de Grisou.

Alice Léonard

Au souper, mes parents me félicitent d'avoir gagné la compétition et me demandent quand je veux aller acheter ma nouvelle planche. Je leur assure que ça va être bientôt.

Tard ce soir-là, j'entends une alerte de messagerie.

J'ai reçu un courriel!

Bonjour Alice!

Je suis vraiment contente d'apprendre cette nouvelle! Finalement, quelqu'un a trouvé la bouteille. Je commençais à penser qu'elle avait été brisée par le vent et les vagues et que le tout avait coulé jusqu'au fin fond de la mer. Ça aurait été triste!

STP, réponds! Je veux tellement continuer à te parler. Je m'ennuie à mort!

Noémie

Contente qu'elle ait répondu, j'envoie un autre message.

Ça fait longtemps que tu as envoyé cette lettre. Comment vont les choses dans ta vie? As-tu un nouveau chat?

Elle répond aussitôt.

Oui. Une chatte! Je l'aime beaucoup. Bon. Alice, parlons un peu de toi.

D'accord. Je vis dans l'est de l'Australie et je fais du surf à chaque jour, presque. Disons qu'une fois que j'ai commencé, je n'ai pas arrêté. Parfois j'ai l'impression que j'en fais trop et que je n'ai pas de vie sociale.

Je comprends comment tu te sens. Mais c'est cool que tu fasses du surf. S'il faisait assez beau ici, j'en ferais.

Toi, pratiques-tu encore la natation?

J'ai dû quitter l'équipe.

Pourquoi?

Aucune raison, vraiment... Ah, faut que j'y aille. Bye, Alice.

OK. Au revoir.

Je ferme mon ordinateur. Pourquoi a-t-elle dû quitter si soudainement?

Je ne communique pas avec Noémie dans les jours qui suivent. Ça me rend triste, car j'aimais échanger avec elle. Ça me faisait sentir comme si j'étais une fille normale de 16 ans. En plus, c'était une personne amusante.

Une semaine plus tard, c'est elle qui fait le premier pas.

Alice? Je voudrais m'excuser. Je n'aurais pas dû quitter comme ça, la dernière fois.

C'est correct.

Il faut que j'avoue quelque chose. C'est difficile pour moi. Je voudrais te le dire de vive voix. Pourrais-tu m'appeler au 778-555-1018?

Elle veut qu'on se parle directement? Ça doit être important, donc, je prends le téléphone et je compose nerveusement le numéro. Noémie répond.

— Alice?

Sa voix est claire, mais elle semble un peu triste. C'est bizarre de penser que c'est elle, à l'autre bout de la ligne et de l'océan Pacifique.

— Oui, c'est moi.

Elle prend quelques respirations.

— Alice, je trouve que tu es très gentille et j'aimerais te dire la vérité. J'ai un cancer. La leucémie.

Je reste silencieuse. Je ne connais pas Noémie depuis très longtemps, mais mon cœur se serre. Personne ne devrait souffrir d'une maladie comme la leucémie.

— Oh, Noémie. Je suis désolée.

— Ouais. Je ne voulais vraiment pas te le dire, mais j'y ai pensé, et j'ai décidé que ça serait mieux si tu le savais maintenant. C'est pour cette raison que j'ai dû laisser tomber la natation.

— C'est depuis quand que tu as ça?

— Je venais juste d'avoir 12 ans. C'était tellement un choc pour ma famille. Au début, la maladie était discrète, puis il y a eu une période où j'étais à l'hôpital pour un bon bout de temps. Maintenant, je suis en rémission.

— Est-ce que tu te sens bien?

— Plus ou moins.

— Tant mieux. Merci beaucoup de me l'avoir dit.

Noémie et moi, on discute encore une heure.

Dans les semaines qui suivent, notre amitié s'épanouit et, chaque jour, j'anticipe l'heure où nous pouvons échanger des courriels ou parler au téléphone. Nous discutons de tout et de rien, nous nous amusons et nous devenons crampées quand l'une de nous dit quelque chose de drôle. Je ne me souviens pas d'avoir eu autant de plaisir avec une amie.

❧ ❧ ❧

Un jour d'automne, Noémie m'annonce que sa maladie a empiré. Nous en parlons ensemble au téléphone très longtemps. Elle me dit qu'elle a peur et qu'elle est triste, et qu'elle ne veut pas mourir.

— Ne dis pas ça.

— Mais c'est vrai. Je suis en train de mourir, Alice.

Je peux entendre sa voix se briser. Elle pleure et mon cœur se serre.

— Ça va bien aller, Noémie, dis-je, mais en même temps je me demande qu'est-ce que j'en sais du cancer, moi?

— Les gens vont m'oublier. Je ne vais jamais avoir la chance de faire quelque chose de grand ou de changer le monde.

— Personne ne t'oubliera. Moi, je t'oublierai pas.

Silence à l'autre bout de la ligne.

— Je suis là pour toi, Noémie.

— Est-ce que tu l'es vraiment?

Je reste silencieuse et je jette un coup d'œil sur mon bureau, où se trouvent mes 2 000 dollars. J'ai une idée, mais ça veut dire que ma planche va devoir attendre.

— Oui. Je peux être là pour toi.

Ce soir-là, ma décision est prise. J'irai au Canada rendre visite à Noémie. Mes parents appuient mon choix.

అ అ అ

Début décembre, j'atterris à Victoria. Il fait froid et il pleut. C'est mon premier voyage toute seule, mais je n'ai pas peur, car je sais qu'il y a une amie qui m'attend. Sa mère vient me chercher et ensemble nous allons à l'hôpital, là où Noémie reste depuis quelque temps.

– Alice! s'exclame-t-elle.

– Noémie!

Elle se lève de son lit et nous nous donnons un câlin. C'est bizarre de la voir dans la vraie vie et pas sur un chat vidéo. Je m'assois sur la chaise à côté de son lit et nous discutons pendant des heures. Ça se voit clairement que Noémie a moins d'énergie qu'avant. Elle a perdu ses cheveux. Mais, comme toujours, elle semble heureuse.

Nous passons nos journées ensemble, à l'hôpital, à parler et à regarder des films comiques, dramatiques et d'horreur.

Avant que je quitte pour l'aéroport, à la fin de mon séjour, je suis assise sur le lit de Noémie, en train de peindre ses ongles une couleur bleue comme la mer qui nous a unies.

– Je suis vraiment contente que tu sois venue, dit-elle.

– Moi aussi. Je ne veux vraiment pas te quitter.

Je sais que ça pourrait être la dernière fois que je vois mon amie. Je n'aime pas y penser, mais on ne peut pas se cacher la réalité.

– Il le faut. Je ne veux pas que tu me voies mourir.

Nous restons silencieuses. Je veux lui dire que ce n'est pas vrai, mais quelque chose me dit que, peut-être, elle a raison. Je prends une grande respiration et je lui dis au revoir.

– Bye, Noémie.

– Au revoir, Alice.

Je me lève, serrant les poings pour retenir la tristesse qui m'envahit comme une vague de l'océan.

Une fois de retour en Australie, je monte dans ma chambre et je m'endors. Je rêve d'un monde où il n'y aurait pas de maladie.

Les jours suivants sont longs, remplis d'entraînement. Je ne suis pas capable d'en profiter.

– Tu vas t'acheter ta nouvelle planche bientôt? demande Manu.

– Non. Je n'ai plus d'argent.

Manu me regarde avec un air confus. Je lui fais signe de la main d'oublier ça.

Un jour pluvieux, le téléphone sonne. C'est la mère de Noémie. La vie de ma copine est terminée depuis quelques heures.

Je monte dans ma chambre, hurlant, criant, pleurant. La vie n'est pas juste! Je reste là jusqu'à ce que je m'endorme.

Quand je me réveille, le soleil vient de se coucher. Je me lève. Chaque membre de mon corps crie de douleur. J'ai mal, très mal, mais je vais vers mon bureau et je m'assois quand même. Je sors un papier et j'écris.

Noémie,

Est-ce que le ciel est beau? Tu me manques déjà. Mais je sais que maintenant tu ne souffres plus.

Tu m'avais dit que tu voulais changer le monde. Peut-être que tu n'as pas changé le monde entier, mais tu as changé mon monde. Tu m'as appris que l'amour et l'amitié sont plus importants que toute autre chose. Merci. Je suis si contente que tu sois entrée dans ma vie.

C'était vraiment cool de te connaître, Noémie. Je ne t'oublierai jamais.

Alice

Quand je termine, ma feuille est inondée de larmes. Je trouve une bouteille de jus de pomme identique à celle que Noémie avait choisie pour son message et j'y enfonce ma lettre et celle de mon amie.

Je ferme le contenant très fort. Je monte dans ma camionnette et je conduis jusqu'à la plage où j'ai trouvé le début d'une belle amitié. Quand j'arrive, le ciel est noir, couvert d'étoiles, et l'océan est sombre. Le sable est froid quand je m'avance jusqu'au bord de l'eau et l'odeur de la mer salée monte dans mes narines. Un vent doux souffle. Je tiens la bouteille dans mes mains, pensant à mon aventure incroyable, et je la lance dans l'eau couleur d'encre. Qui sait où elle va se rendre? Moi, je sais que Noémie va un jour la trouver.

Le marchand de magie

Andréanne Lavoie
École canadienne-française, Saskatoon

J'ai voyagé à travers le désert pendant huit jours pour venir à RakkNadem. J'y ai presque perdu la vie. Mon turban n'est plus aussi luisant, ma tunique est recouverte de sable et ma belle petite barbe pointue n'est plus aussi impressionnante. Mais je croyais que ça vaudrait toutes mes peines, car RakkNadem est la plus grande ville marchande de mon pays. Elle est remplie de tentes et de kiosques de toutes les grandeurs et de toutes les couleurs. J'espérais pouvoir y faire fortune comme marchand. Or, je n'avais pas réalisé jusqu'à quel point il serait difficile d'atteindre mon objectif. À RakkNadem, il y a plus de mille marchands, et la plupart vendent les mêmes choses que moi. Mes prix élevés n'aident pas ma situation. Mais de quelle autre manière puis-je m'y prendre pour faire fortune? Je dois payer ce voyage, quand même!

Cela fait trois jours que j'ai installé ma tente et que j'ai ouvert boutique. Et pendant ces trois mêmes jours, je n'ai vendu qu'un seul petit pot pour une unique pièce d'or! Je suis désespéré, car mon rêve de devenir un marchand riche est bien loin. Pour couronner le tout, mes provisions s'assèchent et je meurs de faim. Si ma mère me voyait dans cet état, elle serait extrêmement déçue. La devise de mon village natal est : « Pour réussir ce qui semble impossible, il faut être futé, malin et déterminé. »

– Marchand, je cherche des herbes magiques pour guérir mon fils, me dit une jeune femme au visage triste, lorsqu'elle s'approche de ma tente.

– Madame, ces herbes ne sont pas magiques, lui dis-je.

– Monsieur, s'il vous plaît. Vos prix sont tellement hauts que votre marchandise est forcément spéciale. Le prix m'importe peu!

Je ne suis pas fier de ce qui suit ni de ce que cette action va entamer, mais comment refuser alors qu'elle est prête à payer n'importe quel prix? Pour empirer la situation, j'avais en tête la devise de mon village; ma mère serait fière, car malin, je serais!

– Oui, Madame. J'ai des herbes qui pourraient vous aider, mais elles sont assez rares et je les gardais pour moi.

– Je vous en échangerai pour un sac d'or. Et, Monsieur, appelez-moi Talibah.

J'hésite à lui donner les herbes, car je ne suis pas une mauvaise personne, mais il faut saisir sa chance lorsqu'elle se présente.

– Très bien, Madame.

J'entre dans ma tente et je fouille. J'ai un sac d'épices pour les occasions spéciales. Elles sont dispendieuses alors même si elles ne guérissent pas son fils, Talibah aura des épices de bonne qualité. Je sors de la tente et on procède à l'échange. Je me trouve ensuite avec tout un sac d'or et mon rêve devient réalité. Je n'ai jamais été aussi riche!

Je découvre avec horreur qu'il est mille fois plus facile de dépenser de l'argent que de le gagner. J'ai acheté d'autres épices, encore plus dispendieuses, et le lendemain, je me retrouve aussi pauvre qu'avant. Néanmoins, j'ai un avantage maintenant : je sais comment faire de l'argent, même si ce n'est pas de l'argent honnête.

Par chance, Talibah revient.

– Monsieur le marchand! Mon fils va mieux, mais je n'ai pas

assez d'herbes magiques.

– Madame, j'en ai davantage. Mais…

Elle me coupe la parole.

– Monsieur le marchand, s'il vous plaît. Je vais doubler mon offre pour une plus grande quantité d'herbes.

Elle m'offre deux sacs d'or! Quel miracle!

– Je ne peux refuser une telle offre, lui dis-je.

Je lui tends le nouveau sachet d'épices et Talibah me remet les deux sacs d'or. Je suis encore plus riche qu'hier! Cette fois-ci, toutefois, je dépense avec précaution.

Une idée me vient en tête. Elle va contre ma conscience, mais ces jours-ci, je ne prête pas grand attention à celle-ci. Et ce moment ne fait pas exception. Je vais devenir le seul marchand de RakkNadem qui vend des produits magiques!

J'utilise l'argent nouvellement gagné pour acheter de nouveaux produits de qualité. Je sais, même sans expérience, qu'il sera plus facile de convaincre les clients que ma marchandise est magique si elle est de bonne qualité.

La journée suivante est une déception. J'ai peu de clients. Et ceux qui sont venus à ma tente ne comprennent pas pourquoi mes prix sont si élevés, surtout que je viens de les augmenter. Je leur explique :

– Mais non, ce n'est pas cher! Surtout que ce sont de rares marchandises... magiques!

Mais la plupart des gens ne me croient pas, et ceux qui y croient n'ont pas besoin d'objets magiques. J'ai besoin d'attirer la bonne foule, des gens crédules et riches qui croient à la magie. Alors, avant que le soleil ne se couche, je me promène, déguisé, parmi les tentes. Je raconte toutes sortes d'histoires sous le déguisement d'un vieillard.

– J'ai rencontré Alsassa, le marchand de magie, il y a à peine quelques mois. Or, ma fille avait l'âge de se marier. Le seul problème était qu'elle n'est pas particulièrement belle. Alsassa m'est venu en aide. Il m'a vendu des souliers de tissu, magiques, d'une telle beauté qu'ils brillaient plus fort que le soleil. Le lendemain, le fils du grand vizir a demandé ma fille, qui portait ses nouveaux souliers magiques, en mariage!

Je répands mes fausses déclarations, plus farfelues les unes que les autres, et les gens les propagent de bouche à oreille. Et lentement, mes rumeurs se multiplient. C'est le jour suivant que j'ai mes trois premiers, véritables clients qui veulent acheter ma marchandise dite magique. Ils sont tous, hommes ou femmes, vêtus de façon chic et ils peuvent se permettre mes prix affreusement élevés.

– Êtes-vous Alsassa, le marchand de magie? me demande mon premier client, un homme qui porte un turban ridiculement plumé et qui, j'apprends plus tard, se nomme Saleb.

– Oui, je le suis. Puis-je vous aider?

– Je cherche une flûte enchantée pour endormir ma femme qui n'arrête pas de parler.

– Hum… Monsieur, je n'ai pas de flûte, mais j'ai des herbes rares pouvant endormir votre femme. J'ai aussi des caramels ensorcelés.

– Je prendrais bien les herbes, me dit-il en hésitant.

– Ce sera cinq sacs d'or, Monsieur Saleb. Mais attendez, les caramels sont en rabais. Ils ne coûtent qu'un petit sac d'or. Vous feriez mieux de les prendre.

Les caramels colleront aux dents de sa femme qui ne pourra plus ouvrir la bouche!

Il accepte mon offre, me paie sans même y penser, et part avec quelques vieux caramels durs comme de la roche. J'aurais pu lui vendre du sable dans le désert!

Ma deuxième cliente est une femme rondelette d'une

cinquantaine d'années.

– Maître Alsassa?

– C'est moi, Madame. Comment puis-je être à votre service?

– Je m'appelle Merkkah et mon mari est mort. Je veux me remarier aussi vite que possible.

– Et vous croyez que je peux vous aider?

– Vous avez aidé un homme à marier sa fille en lui donnant des souliers de tissu.

– Oui. Vous avez entendu parler de moi?

Je vais me faire prendre à mon propre piège.

– Des souliers en tissu, c'est tout ce que je vous demande, supplie Merkkah.

– Madame, les objets que je vends sont uniques. Je n'ai pas d'autres souliers en tissu.

– Maître marchand, vous devez avoir quelque chose pour m'aider, dit-elle d'une voix désespérée.

– J'ai peut-être une solution pour vous, Madame.

Je sors une boîte joliment sculptée.

– Approchez-vous d'un homme avec cette boîte et dites-lui que vous échangerez la boîte et son contenu s'il vous marie. La boîte est enchantée. Tout homme qui pose les yeux sur elle veut la posséder.

– Et que contient la boîte? demanda Merkkah, curieuse.

– Tout ce que vous pouvez désirer. C'est de la magie!

Ce que je ne lui dis pas, c'est que la boîte contient surtout de l'imagination et une fausse carte aux trésors que j'ai créée.

– Combien coûte la boîte?

– Tout l'or que vous possédez.

– Mais j'ai besoin de mon or!

– Madame, dans trois jours vous aurez un nouveau mari et vous n'aurez aucun besoin de votre or.

– Très bien.

Je reçois tout son or en échange d'une belle boîte sans valeur et de quelques vieux morceaux de parchemin. Je suis digne de mon village!

Mon dernier client de la journée est le plus cupide. C'est un jeune homme qui porte un nombre excessif de bijoux.

– Je cherche le marchand de magie.

– C'est moi, Monsieur.

– Je m'appelle Ujar et je veux acheter une façon d'impressionner mon père.

– Cher Monsieur, je ne vends pas de choses immatérielles, mais des objets, comme vous pouvez le voir, lui dis-je en montrant ma table remplie de mes trésors.

– Je croyais que vous vendiez de la magie!

– Oui, mais des *objets* magiques.

– Avez-vous un objet qui pourrait impressionner mon père?

– Possiblement. L'objet que vous désirez est d'une valeur inestimable. Votre père serait-il en colère si vous dépensiez la plus grande partie de votre héritage?

– Pas si votre objet inestimable est impressionnant.

– D'accord, mais l'objet que vous désirez coûtera toute la fortune de votre père.

– Toute sa fortune? Mais il me tuerait!

– Précisément. Achetez-vous souvent des objets chers pour votre père?

– Oui. J'essaie de l'impressionner.

– Je crois que votre père serait plus impressionné si vous pouviez passer une longue période de temps sans dépenser son argent.

– Vous croyez vraiment?

– Oui, Monsieur.

– Merci!

Le jeune s'apprête à quitter ma tente lorsque je lui dis :

– Monsieur Ujar, vous me devez trois pièces d'or pour mon précieux conseil.

– Mais je ne peux plus dépenser! C'est vous-même qui me l'avez conseillé.

– Oui, vous me devez quelque chose. Pensez à l'argent que je vous ai fait économiser.

Et il me donne trois pièces d'or pour mes simples paroles. Je m'épate moi-même! Ce soir-là, je me promène encore parmi les tentes, mais cette fois-ci, je raconte les histoires vraies de mes clients.

Le lendemain, j'ai toute une foule de gens qui veulent acheter ma marchandise. Leurs problèmes varient du plus ridicule au plus farfelu. Je suis en train d'aider un client particulièrement difficile lorsque Talibah revient à mon kiosque.

– Monsieur, mon fils est mort! Vos herbes ne l'ont pas sauvé!

Oh non! Quel moment pour arriver. Ceci pourrait détruire ma réputation et ma carrière de marchand de magie. Je crois, heureusement, savoir comment me sauver de ce désastre.

– Oh, Madame, je suis réellement désolé. Mais si mes herbes ne l'ont pas sauvé, je ne sais pas ce qui l'aurait pu. N'avez-vous pas dit vous-même qu'elles l'aidaient?

– En effet, mais maintenant, il est mort, dit Talibah d'une voix triste.

– Ma chère Madame, j'ai fait tout ce qui était en mon pouvoir. Que voulez-vous de plus?

– Pouvez-vous lui redonner vie?

Aïe! Elle me demande l'impossible.

– Madame, lui dis-je. Je ne suis pas Dieu. Ce que vous me demandez vous coûtera un prix que même le roi hésiterait à payer.

— Monsieur, le prix en vaut la peine pour ramener mon fils!

Oh, j'aimerais bien prendre son or, mais cette terrible situation ne me le permet pas.

— Je ne parle pas d'or, mais de choses terribles. S'il vous plaît, je ne suis pas nécromancien ni même magicien, mais un simple marchand de magie.

La femme baisse la tête, embarrassée. Et avant de quitter, elle me répond, en larmes :

— Vous… Vous avez raison. Je… crois que ma… ma peine trouble mes pensées.

কি কি কি

Le reste de la journée passe en vitesse à mesure que ma réputation grandit. Je remarque, sans grande surprise, qu'il ne me reste presque plus de marchandises. Heureusement, j'ai de l'or. Les riches sont tellement faciles à duper! Je passe ma sixième soirée à acheter de nouvelles marchandises pour remplir ma tente, mais je constate ensuite qu'il ne me reste qu'une toute petite quantité d'or. Je n'en ai qu'assez pour me nourrir ce soir. La seule solution que je vois à l'horizon est insensée tellement elle est risquée. Il faudrait que je vende ma marchandise au palais. Mais vendre des produits magiques qui ne sont pas réellement magiques à ceux qui occupent le pouvoir est audacieux. Si jamais ils apprenaient que je les ai trompés, on me couperait la tête! Mais l'idée est attrayante. Elle me séduit. Elle me consume et je cède.

Le lendemain, j'emballe mes affaires et je me dirige vers le palais. Je me présente au portail, une grande porte-tour où deux gardes, l'un plus court que l'autre, sont postés.

— Qui êtes-vous et que faites-vous au palais? demande le premier garde.

– Je suis Alsassa, marchand de magie, et je viens pour une audience.

– Alsassa? J'ai entendu parler de vous, dit le garde plus court, excité.

– Auprès de qui avez-vous une audience? me questionne encore le premier garde, alors qu'il me scrute de son regard méfiant.

– Euh, j'ai…

Le deuxième garde, tout énervé, me coupe la parole.

– Asir, attends! C'est lui le magicien. On devrait peut-être…

– Safi! S'il fait de la magie, il pourrait être dangereux, murmure l'autre d'un ton sec.

– Mais les ordres de la princesse.

– Non!

– Alors, est-ce que je peux entrer?

– Euh…

L'hésitation d'Asir donne à Safi le temps de me jeter un regard complice avant d'assommer Asir avec la poignée de son épée. Il tombe par terre causant un énorme fracas. Je suis figé, abasourdi. Safi me sort immédiatement de ma torpeur en disant :

– Mais venez, magicien! Les ordres de la princesse sont clairs. Il ne faut pas la faire attendre. Ne vous inquiétez pas pour lui. Il s'en remettra.

ॐ ॐ ॐ

Safi m'entraîne dans le palais. Un véritable labyrinthe. Au bout de quelques minutes, nous arrivons dans une immense salle où se trouve un trône grandiose. Sur le trône est assise Amira, une jeune princesse aux longs cheveux noirs et à la peau dorée. Une princesse d'une beauté incroyable, plus belle que toutes les richesses du royaume, et même plus belle que l'or. Mes pas résonnent dans la salle lorsque je m'approche du trône.

— Princesse.

Je m'incline. Le silence règne avant qu'elle ne m'adresse la parole.

— Alsassa, marchand de magie. Votre réputation se répand comme une épidémie.

— Ah, je suis heureux de l'apprendre, Votre Altesse.

— Je ne croyais pas vous voir de sitôt.

— Pardon, Princesse?

— Eh bien, Alsassa, tout marchand célèbre de ma ville vient, tôt ou tard, au palais. Je ne suis pas surprise de vous voir, étant donné les rumeurs qui courent dans la ville. Mais vous êtes brave de venir ici, étant donné votre marchandise, disons… douteuse, qui pourrait vous coûter la vie.

— J'ai confiance en mes habiletés, Princesse, lui dis-je en prenant mon courage à deux mains.

Je sens ma gorge se serrer. Ai-je fait le mauvais choix?

— Très bien, continue la princesse, mais je veux m'assurer que vous êtes ce que vous prétendez être. Puis-je vous demander une preuve?

Comme s'il m'était possible de le lui refuser! Je me suis mis dans un véritable pétrin. Je lui réponds aussi calmement que possible.

— Je suis à votre service, Princesse.

Elle sourit avant de poursuivre.

— Ce que je vous demande serait, pour un magicien, élémentaire. Mais pour un simple marchand, ce serait toute une tâche.

— Je suis un marchand de magie et non un magicien, Princesse. Mais je ferai de mon mieux.

Ce n'est vraiment pas une bonne journée. Il est bien facile

de jouer un tour à des gens stupides, mais d'en jouer un à une princesse aussi rusée que moi, c'est laborieux et très risqué. Il ne faut surtout pas qu'elle s'aperçoive de ma nervosité. Alors, je lui souris et elle continue.

– Alors, voici. J'aimerais posséder un éléphant, ici, dans cette pièce.

Elle veut que je fasse apparaître un éléphant? Un vrai éléphant? De nulle part? Juste comme ça? Mais comment? C'est impossible! Cependant, elle n'a pas précisé que l'éléphant qu'elle veut devait être, disons, vivant! Sur ce, je sors un vieux morceau de parchemin et un foulard en soie. Je me place de façon à ce qu'elle ne puisse pas voir mon papier, caché par le tissu. Je plie le morceau de papier en vitesse.

– Princesse, je vais faire apparaître votre éléphant!

D'un habile mouvement, je dévoile l'éléphant en papier, ma merveilleuse création en origami. La princesse est surprise et son sourire laisse entrevoir son amusement.

– Vous êtes rusé, Maître Alsassa.

Elle vient délicatement chercher l'éléphant pour l'admirer.

– Et habile de vos mains.

– Merci, Votre Altesse.

Fiou! Je l'ai échappé belle!

– Appelez-moi, Princesse Amira, Alsassa. Et suivez-moi, nous avons à discuter.

ॐ ॐ ॐ

Quelque temps après, je me retrouve assis sur une chaise en soie, dans un salon merveilleusement décoré, avec la princesse qui m'étudie longuement. Mais je sais mieux que d'ouvrir la bouche le premier.

— Vous êtes fascinant, Alsassa.

— Ah, mais je ne suis qu'un marchand.

— Oui, mais plus que ça. Un marchand de magie, non?

— Je suis ce que je suis.

— Que vous êtes charmant, Alsassa!

— Ce n'est pas la raison pour laquelle vous m'avez amené ici, Princesse.

— Vous avez raison, Alsassa, dit-elle, plus sérieuse. Je voulais confirmer quelques-uns de mes doutes.

— Je vous écoute, Majesté.

— Pour commencer, Alsassa, votre marchandise est-elle véritablement magique?

— Ma marchandise est précieuse, unique, rare. Mais c'est à vous de déterminer leur nature, Princesse Amira.

— Je vois. Et où trouvez-vous votre marchandise?

— Il y a plein d'objets magiques au marché. La plupart sont vendus par des marchands qui ne savent même pas ce qu'ils ont entre les mains. J'achète ces produits et, lentement, j'ai réussi à collectionner un bon nombre d'objets magiques.

D'une façon, ce que je lui dis est vrai. Si les marchands avaient un peu d'imagination, ils pourraient faire aussi bien que moi.

— Vous n'êtes pas magicien! s'exclama-t-elle.

— Non, je ne le suis pas, Princesse. Je vous l'ai dit, je ne suis qu'un marchand de magie. Mais je réalise quand même les souhaits de mes clients.

— Vous avez réellement aidé ces gens?

— Oui, pour la plupart, Princesse. Je ne suis qu'un humble marchand de magie.

— Et les objets que vous vendez sont-ils réellement magiques? demanda-t-elle encore.

— Vous êtes libre d'y croire ou non, Princesse. Ce qui compte, c'est que mes clients sont satisfaits.

– Vous m'émerveillez, Alsassa! Je ne me suis pas autant amusée depuis ma petite enfance.

– Merci, Princesse.

Et il y a eu un moment de silence inconfortable…

– Vous jouez un jeu dangereux, Maître Alsassa. Mais je crois que vous avez mérité le droit de vendre vos marchandises ici, au palais, à condition que vous veniez me divertir.

– Je suis véritablement honoré, Princesse.

Et c'est comme cela que mon rêve s'est réalisé pendant ma première semaine à RakkNadem. Tout ça pour dire que lorsqu'on est déterminé et assez rusé, tout est possible!

La grange

Carlie Douglass
Collège Mathieu, Gravelbourg

J'entre dans le salon du pavillon. Le salon est petit, mais ça nous donne une atmosphère familiale. Samedi, déjà. Ça fait exactement une semaine que j'ai commencé l'école ici, au collège. C'est une belle journée de septembre. J'espère qu'on aura toujours du beau temps comme ça, à Gravelbourg. Je ne suis jamais resté dans une résidence de gars. C'est très différent. On se sent toujours intimidé et un peu nerveux. Étant en huitième année, je me sens un peu hors de ma place, ici, avec les plus vieux.

Thomas, un gars de six pieds cinq pouces, vêtu d'un pantalon noir et d'un t-shirt orange, est assis sur un gros divan dans le coin du pavillon. De ce que je peux voir, il a l'air d'être comme le chef du groupe. Il est en train de bavarder avec Sébastien et Mathieu, des jumeaux identiques que je viens de rencontrer, hier, à l'étude. Les deux sont très minces avec des lunettes et des broches. Je me dirige vers eux. Je suis un gars amical. Pourquoi ils voudraient pas être mes amis? Je leur demande d'une voix basse et confiante : « Hé, les gars, est-ce que je peux m'asseoir avec vous? » Thomas se lève. Sa taille est le double de la mienne. Il me regarde dans les yeux et dit : « P'tit, si tu veux te coller à nous, il faut que tu fasses quelque chose qui démontre que tu es courageux et pas un bébé. » Je les regarde avec curiosité. Quelle sorte de stupide cochonnerie vont-ils me demander de faire? J'ai entendu tellement d'histoires d'initiation, comme d'aller courir tout nu autour de l'école. C'est trop froid dehors, je vais me geler les fesses. Ou pire : avaler un *milk shake* de verres de terre et d'oignons. Oh non! Merde, je veux vraiment pas porter les bobettes sales du directeur. *Gross*!

« Alors qu'est-ce que je dois faire? » Thomas se tourne vers les deux gars. Il chuchote pendant une couple de minutes et dit : « Il faut que t'ailles cogner à la porte d'un vieux monsieur appelé Ferdinand Aurore. » Monsieur Aurore? Ah oui. C'est le bonhomme qui marche à côté du pavillon. Plusieurs gars parlaient de lui, hier. C'était ça, l'épreuve, d'aller cogner à une porte? Sérieusement, on dirait un acte de deuxième année. Je me dirige vers la porte et avant que je l'ouvre, Thomas me dit : « Il n'y a pas beaucoup de gens qui voudraient rentrer dans la cour de monsieur Aurore. La dernière personne qui l'a fait a quitté le collège deux jours plus tard sans raison, mais on croit que quelque chose de bizarre a dû arriver. Le monde croit que Ferdinand est fou. Le petit avait simplement cogné à la porte pour lui vendre un billet pour son tournoi de hockey. Ses parents sont venus le chercher deux jours plus tard. Il parlait à personne. On dit qu'il a été en état de choc pendant trois mois. »

Les gars essaient de me faire peur. C'est ça, je suis pas mal certain que monsieur Aurore est un homme gentil et qu'il a ses raisons d'être marabout. De toute façon, mon oncle est un gros marabout et je n'ai pas peur de lui. Je me rends chez monsieur Aurore en suivant les directives de Thomas. La maison est laide. Elle est peinturée de couleur jaune semblable au vomi de mon petit frère.

J'avance à pas de loup. OK, j'ai un peu peur, mais c'est parce que je ne le connais pas. Je prends une grande respiration, ma main tremble comme si j'avais bu trois tasses de café. Je cogne fortement à la porte. J'attends. Personne ne répond alors je cogne encore. Rien. Je me dirige vers une des fenêtres. Je veux simplement regarder pour voir s'il est là. Il dort peut-être. Je ne vois personne dans le salon. Mais ce que je vois m'intrigue. Il y a des têtes de chevreuils et de bisons sur le mur, à gauche. C'est un peu étrange, mais ça se peut qu'il soit un grand chasseur, car il semble y en avoir beaucoup, ici, à Gravelbourg.

Je vois ensuite quelque chose que je n'étais pas totalement prêt à voir : un canard sur la table à dîner qui se balance sur une patte. Comment est-ce qu'un canard peut se balancer sur une patte? Ensuite, je vois un lapin sur ses deux pattes postérieures, avec les oreilles qui pointent vers le plafond. Ce n'est pas fini! Il y a un chat avec une cane qui est en train de se battre avec un chien, à côté de la fournaise. Il y a même un hamster sur une des tables en train de fumer une cigarette. Mon Dieu, pourquoi est-ce que les animaux ne bougent pas? Oh *my God*! Oh *no*! Ils sont… empaillés. Sur la table, je vois un fer à friser, un peigne et du rouge à lèvres. Qu'est-ce qu'il fait ce bonhomme-là?

Tout à coup, je ressens sur mon cou une énorme main. Elle est tellement froide et rigide que je fige. J'essaie de bouger pour retourner à l'école, et dret-là, je le vois : monsieur Aurore! Il n'est pas comme je l'avais imaginé. Il est grand. Ses cheveux brun pâle sont bien peignés sur le côté. Il a l'air comme s'il n'avait pas dormi depuis des jours. Ses yeux sont noirs comme de la glace et n'arrêtent pas de me regarder. Dans sa main droite, il tient un couteau de chasse et une corde. Tout le sang de mon corps arrête de circuler. Mes pieds arrêtent de bouger et je suis bouche bée. J'essaie même pas de m'expliquer. Je pars en courant.

J'arrive à la porte du pavillon et c'est le soulagement total. Je vois Sébastien en train de faire ses devoirs de mathématiques. Personne d'autre n'est dans le salon. Il me regarde et dit :

« Alors, est-ce que tu es allé? Tu sais, je pensais que tu serais trop bébé pour compléter la tâche. Je ne voulais pas te le dire avant, mais Thomas, lui, a vécu une mauvaise expérience avec monsieur Aurore. Il nous a jamais conté l'histoire. Je comprends pas pourquoi monsieur Aurore est si marabout. Je veux savoir ce qu'il fait, ce qui le rend tellement fou. »

« Seb, y faut que je te parle tout de suite, mais pas ici. Je ne veux pas que le monde nous entende. » Je tire Sébastien par le bras et je l'amène avec moi. On va à la bibliothèque pour parler. Personne s'en sert de toute façon. Aussi, je veux essayer de trouver des informations dans de vieux journaux au sujet de monsieur Aurore.

On court vite à la bibliothèque, on entre par les portes centrales et on marche vers la section intitulée « Articles et revues ». La bibliothèque est pas mal vieille et pue comme des pieds moisis. Je fouille à travers des articles pendant que je raconte mon aventure à Sébastien. Il semble être très intéressé par ce que je dis. Quand j'ai fini mon histoire, Sébastien me regarde et me dit : « Ça doit être ça que Thomas a vu, mais monsieur Aurore l'a poigné en train de regarder à travers sa fenêtre et l'a gardé dans sa cuisine pendant deux heures. Thomas nous a jamais dit ce qu'il a vu. »

« Hé, Seb, voilà une annonce de mariage. M. Ferdinand Aurore et Francine Lapointe — ça doit être sa femme — ont mis une annonce dans le *Gravelbourg Star* pour dire qu'ils étaient fiancés et qu'ils prévoyaient se marier à la cathédrale, le 16 septembre 1957. Ça fait cinquante ans. Rien de spécial, sauf qu'aujourd'hui, c'est leur anniversaire de mariage! »

Je regarde par la fenêtre de la bibliothèque et j'aperçois monsieur Aurore. Un peu bizarre. Ça fait deux fois dans la même journée. Mais où va-t-il? Sébastien me regarde et dit : « Il passe à côté de notre pavillon chaque jour, à trois heures, pour aller à la grange qui se trouve derrière l'école élémentaire. Pourquoi? Qu'est-ce qu'il fait dans la grange? Et pourquoi est-il habillé comme s'il allait à la messe? Pantalon noir, chemise blanche et cravate noire. C'est étrange, non? »

Je me lève et je me dirige vers la bibliothécaire, une vieille madame qui est coiffée d'un *mullet* rouge avec des perles attachées au bout. Elle est en train de taper avec ses ongles multicolores sur le bureau. Elle porte une jupe en peau de serpent qui descend jusqu'au plancher. Elle est assise sur un ballon d'exercice en train de flatter son chat. Je suis surpris que le ballon n'ait pas éclaté. Je lui demande si elle sait pourquoi Ferdinand Aurore va à la grange chaque jour. Elle me regarde, arrête de bondir sur le ballon et dit : « Monsieur Aurore, c'est lui qui s'occupe de la grange. Mais elle lui appartient pas. C'est la vieille grange à monsieur le Maire. Tu sais, c'est lui qui a empaillé mon chat après un accident tragique de jardinage. Il a vraiment fait une bonne job. »

« Hé, Sébastien! Avant que tu t'en ailles, dis-moi comment je me rends à l'hôtel de ville. » Sébastien se tourne vers moi et dit : « Tu continues sur la première avenue et tu tournes à droite avant l'église, puis tu continues pour un bloc. C'est la grosse bâtisse en brique. Tu ne peux pas la manquer. »

Je rentre à l'hôtel de ville. L'odeur est presque pire qu'à la bibliothèque. C'est dégoûtant, le cigare! Une grosse porte en érable se trouve au bout du couloir. Sur une petite plaque en bronze, il est écrit : Maire Léopold Carignan.

Je cogne à la porte. Une voix un peu épeurante me dit d'entrer. Je trouve un gros homme rond en train de fumer un cigare. Je me présente et lui demande s'il connaît Ferdinand Aurore. Il se lève, commence à circuler autour de son bureau et dit : « Ferdinand a commencé à s'occuper de ma grange il y a longtemps. Je crois qu'il l'utilise pour son travail de taxidermie. Tu sais, il est un expert. » Mais crime, c'était la même information que la bibliothécaire m'avait donnée. « Et sa femme? » Après une bonne minute, il se tourne vers moi et me dit : « Le soir avant le mariage de Ferdinand et Francine, ils ont décidé d'aller nager au lac Thomson. Elle s'est noyée. Ferdinand pouvait pas la trouver. Il a paniqué et est allé chercher de l'aide, mais c'était trop tard. Personne n'a retrouvé son corps. C'était tellement tragique. » C'était toutes les informations que pouvait me procurer monsieur le Maire. Il avait l'air un peu nerveux quand je lui ai parlé.

Je retourne au pavillon. Sébastien est en train de jouer avec son Gameboy. « Hé, Sébastien! Le gros maire m'a dit que la femme de monsieur Aurore est morte y a cinquante ans. Ce soir, je vais à la vieille grange pour investiguer. Viens-tu avec moi? » Sébastien n'a pas le temps de me répondre que Thomas entre avec Mathieu. Mathieu est toujours collé à ses talons. « Hé, Monsieur le brave et Sébastien, qu'est-ce que vous faites ce soir? » demande Thomas. Je lui réponds : « On pensait aller voir la vieille grange de monsieur Aurore. Si TU veux te coller à nous, il faut que TU viennes et que TU démontres que t'es pas un bébé. »

Alors, vers neuf heures et demie on quitte le pavillon. On a seulement une heure avant le couvre-feu. Notre surveillant de la résidence va chialer si on revient même deux secondes en retard. La grange est située à quarante-cinq mètres derrière l'école élémentaire. La lumière de la journée disparaît plus vite qu'à la normale. La chaleur diminue et l'air frais circule dans nos cheveux. Les poils sur mon cou se soulèvent. Mon cœur bat comme un tambour de parade. Je ne croyais pas avoir si peur. À l'ombre des arbres, la vieille grange faite de vieux bois apparaît.

J'entre en premier. Étant celui qui a suggéré cette excursion, je n'ai pas le choix. Avec les mains qui tremblent déjà, j'allume ma lampe de poche. Sébastien, Mathieu et Thomas me suivent comme des bébés canards. Ça nous prend quelques minutes pour que nos yeux s'ajustent à la noirceur. On y va lentement. Chaque pas est fait avec précaution. Dans un coin de la grange, je vois une table dressée d'une nappe blanche avec deux chandelles placées précisément au centre. Mais la chose bizarre est qu'il y a deux assiettes remplies de nourriture.

Les gars sont tellement proches de moi que Sébastien pile sur mon pantalon. Je tombe sur le nez et, comme un javelot, ma lampe de poche vole dix mètres plus loin, frappe la table et roule à terre. « Ah câline, Sébastien! Tu sais pas comment marcher ou quoi? » À ce point-là, je pense que rien d'autre ne peut arriver de pire, mais un coup de vent a éteint les chandelles et on se retrouve dans la noirceur complète. Je cherche avec mes mains pour découvrir ce qu'on voit pas. Sébastien, Mathieu et Thomas sont en train de chercher la lampe de poche. Il doit y avoir du foin sous nos pieds parce qu'on n'émet aucun bruit. « Ouch, mon pied! » Merde, j'ai dû me cogner sur un morceau de bois. Mon cœur commence à battre fort maintenant. Je peux le sentir dans ma gorge. Ma main touche quelque chose et j'ai des frissons à travers mon corps. Je retire ma main. Curieux, je touche encore. C'est froid. Un peu rigide, mais c'est pas dur. Je continue à passer mes mains. Lentement, je monte. Il y a une sorte de familiarité avec cette texture. Je la connais. Je l'ai déjà touchée avant, mais je peux pas l'expliquer. La texture change maintenant. C'est une sorte de matériel. Peut-être du coton ou de la soie. Ma main monte encore et je ressens de la paille. Non. De la laine? Non, c'est pas ça. Des plumes? Non. Une crinière de cheval?

Sébastien allume la lampe de poche et je vois ce que je touche. C'est... Oh mon Dieu! Ça ne se peut pas! C'est pas possible! Je comprends pas. C'est une femme. Elle est bleu pâle. Elle est vraiment très belle. La réflexion de la lampe fait en sorte que sa peau reluit. Ses cheveux longs, brun foncé, encadrent son beau visage rond. Sa bouche est fermée et ses lèvres de couleur rose pâle semblent douces et tranquilles. Elle a un long cou qui porte un beau collier en or. Ses mains tiennent un bouquet de fleurs qui semble être frais. Elle est très jeune, peut-être dix-neuf ans. Elle est habillée d'une robe blanche avec de la dentelle autour du cou. Elle est placée dans un cercueil de beau bois d'érable. On dirait qu'elle se tient debout. Du coin de l'œil, je vois... Oh non! Oh merde, non! Je ressens une tristesse qui remplit mon corps. Je ne sais pas quoi faire. Pleurer, crier ou courir? C'est lui! Chemise blanche, cravate noire, pantalon noir. Le corps de monsieur Aurore se balance, pendu au bout d'un nœud coulant.

☙ ☙ ☙

Finalement, ma dernière année d'école au collège. Mon petit frère vient de commencer sa huitième année. On est assis sur un gros divan dans le salon du pavillon. Il me ressemble tellement : petit, nerveux, courageux, curieux. Je lui raconte l'histoire de mon initiation et je lui assure que de courir autour de l'école en bobettes est mieux que d'aller cogner à une porte.

Le livre du destin

Bécla Ishimwe
École canadienne-française, Saskatoon

19 octobre

À présent, je suis dans ma chambre en train de repenser à ce voyage et surtout à ce moment particulier. Mon père m'a donné un carnet quand nous sommes arrivés. Je suis tellement excité. J'adore écrire.

❧ ❧ ❧

Il y a trois jours, j'étais assis devant un feu avec mon père, dans une vieille caverne visiblement inexplorée. Nous avons parlé un peu avant de nous endormir.

– Alors, mon fils, comment trouves-tu la petite tournée?

– Ouais, appelle ça une tournée… Tu veux dire une torture, plutôt?

– On verra bien.

J'ai toujours rêvé de vivre des aventures, mais pas comme celle-ci. Mon dos me faisait vraiment mal. Il faisait froid. J'en avais assez de ce voyage. Mon père m'avait dit que j'avais besoin d'apprendre ce qu'est réellement un sacrifice, car il disait que j'accomplirais de grandes choses, mais que j'avais besoin d'une certaine « leçon de vie ». Il me disait aussi que si un jour j'étais confronté à des obstacles importants, ce voyage m'aiderait à me souvenir du sens du sacrifice.

La journée suivante, nous avons parcouru une bonne distance jusqu'à un petit village et nous nous sommes arrêtés environ quinze minutes à côté d'une auberge pour acheter quelque chose à manger.

Quand on a repris notre marche, mon père m'a annoncé :

– Il paraît qu'hier, au château, *Le livre du destin* a été perdu et personne ne sait comment.

Mon père, comme tous les autres nobles, a toujours reçu des nouvelles détaillées du château.

– Comment l'as-tu appris?

– Le serveur à la petite auberge me l'a appris.

– Ah bon. Est-ce grave?

– *Le livre du destin* nous a été transmis par nos ancêtres. Il contient la clé du passage secret vers la source des Ténèbres du royaume voisin, qui est notre ennemi le plus redoutable. Comme ces Ténèbres vieillissent et s'affaiblissent, c'est une bonne occasion qu'elles soient détruites par la Lumière, ce qui est également le souhait de notre roi, Adelphe. Malheureusement, l'accès est impossible aussi longtemps que le livre n'est pas retrouvé. Tu sais bien qu'Adrien, le roi voisin, a toujours cherché un moyen d'attaquer notre pays. Si jamais il apprend la disparition du livre, ce serait pour lui une belle occasion de nous attaquer.

– J'aimerais bien un jour qu'on me dise pourquoi Adrien est tant détesté par tout le monde dans notre royaume.

– Tu le sauras bientôt. Un peu de patience et tu verras combien de merveilles entourent les racines de notre famille, mon fils.

– Encore un de ces contes de fées…

Ce soir-là, un bon fermier nous a hébergés. En échange, on

l'a aidé à traire ses vaches. J'ai mangé mon dîner avec tellement d'appétit que mon père éclatait de rire chaque fois que je prenais une grosse bouchée. Ça me faisait plaisir de voir que mon père est toujours de bonne humeur. Il a toujours un sourire sur le visage, un espoir en lui. Il prend chaque situation qui se présente comme une leçon et l'affronte avec courage. J'aimerais devenir comme lui un jour, même si parfois il a de mauvaises idées, comme ce voyage qu'on a fait, par exemple.

Et enfin, hier était une journée, disons… remplie de découvertes pour moi. Tout d'abord, le matin, mon père et moi nous nous sommes préparés pour partir après avoir remercié l'humble fermier. J'ai été surpris de voir qu'on marchait vers la caverne où on était il y a deux jours. Je n'ai rien dit, j'ai juste suivi mon père en me disant que peut-être il y avait oublié quelque chose.

Arrivé dans la caverne, mon père a prononcé cette phrase qui m'a un peu intrigué :

— Suis-moi, observe et écoute attentivement.

Je l'ai suivi sans dire un mot. On s'est aventuré dans un petit tunnel totalement plongé dans le noir. Après avoir marché de longues minutes, on a abouti dans une grande pièce remplie de beaux dessins éclairés par de petits cristaux bleus. Les dessins avaient été dessinés avec précision, mais on pouvait remarquer qu'ils étaient très anciens. J'ai été abasourdi devant une telle beauté, si extraordinaire et ancienne en même temps. Mon père a commencé à parler.

— Ce que tu vois ici est l'œuvre de nos ancêtres.

Après un long silence, il a poursuivi son récit.

— Il y a des siècles, seuls la paix, l'amour et l'amitié régnaient sur tout le royaume. Dans le pays voisin, c'était totalement le contraire. Les ténèbres, la haine, la vengeance et la cruauté dominaient tous les habitants du pays. Une prophétie annonçait que deux enfants identiques naîtraient un jour ; l'un dans notre pays, l'autre dans le pays voisin. La prophétie se réalisa et les deux enfants virent le jour. Depuis leur naissance, on a observé un esprit de guerre dans les deux pays, l'un contre l'autre.

J'ai tout de suite compris, stupéfait, que les deux jumeaux étaient notre roi, Adelphe, et Adrien, notre pire ennemi. J'ai écouté tout en remarquant que les dessins correspondaient à ce que mon père me racontait.

Il a continué.

– Dans *Le livre du destin*, il est également écrit que seule la sagesse d'un garçon pourra remettre les choses en ordre et vaincre la magie noire de l'ennemi. Ce garçon devra puiser au fond de lui-même le courage et la résistance qu'il lui faudra au moment opportun. Ce dernier sera également l'héritier du roi, et une fois sa mission accomplie, il remettra le pays sur le chemin de la lumière.

Il m'a alors indiqué une main gravée sur le mur.

– La prophétie dit que celui qui touchera cette main et qui la fera briller sera le garçon choisi pour nous sauver de cette misère.

J'ai posé ma main au-dessus du dessin sans laisser mon père terminer sa phrase. C'est alors que j'ai vu ce à quoi je m'attendais le moins. En effet, le dessin a brillé de mille feux. J'ai retiré ma main, trois secondes plus tard, et j'ai remarqué le visage confus de mon père.

☙ ☙ ☙

Mes sœurs m'ont manqué. Quand on est enfin arrivés à la maison, j'étais si content que je n'arrêtais pas de sourire. Mes sœurs sont restées collées à moi pour ce qui m'a semblé une éternité. Ma mère a eu les larmes aux yeux en me voyant. J'ai ressenti de fortes émotions. J'ai réalisé que j'étais vraiment chanceux. Avoir une famille est la plus belle chose qui soit. Ça a été plus fort que moi, j'ai versé quelques larmes aussi, et mon père m'a fait un clin d'œil, puis je me suis essuyé d'un geste rapide.

20 octobre

Le matin, on a entendu frapper à notre porte. C'était un messager du roi. Il était venu nous dire qu'Adrien était en chemin pour attaquer notre pays. Le messager a dit que le roi avait besoin de tous les fils aînés de toutes les familles de nobles. J'ai préparé mon sac, car j'irai au château demain. Ma mère est venue me parler.

— Comment vas-tu? As-tu bien dormi?

— Oui, maman, mais je suis encore un peu fatigué.

— Je comprends. Ton père m'a dit ce qui s'est passé, et tu dois savoir et comprendre certaines choses.

J'ai pu lire dans son regard une grande tristesse qui n'a fait qu'empirer les choses. J'ai quand même essayé de garder un maximum de calme.

— Je sais, il m'a parlé de la prophétie, et pour une fois dans ma vie, j'y crois et je n'y peux rien.

— Tu as raison, tu n'y peux rien, et d'ailleurs personne n'y peut rien.

— C'est vrai. Y a-t-il quelque chose qui te tracasse, maman?

— Oui. Ton père n'a pas eu le courage de te dire la vérité. La prophétie n'a jamais dit que le garçon choisi deviendra l'héritier du roi.

Il y a eu un lourd silence et des larmes ont coulé le long de ses joues. J'ai pu entendre mon cœur battre à tout rompre. Je n'ai pas voulu entendre la suite, mais c'était trop tard.

– ... mais, après avoir déverrouillé le passage de la Lumière, elle régnera sur tout et tout redeviendra comme avant.

– C'est ce que mon père m'a dit, mais qu'arrivera-t-il au garçon choisi?

– Il... il sera prisonnier des Ténèbres à tout jamais.

Ensuite, elle a éclaté en sanglots et j'ai versé de grosses larmes, mon regard plongé dans le vide.

21 octobre

J'ai fait mes adieux à ma famille et tous étaient en pleurs. J'ai demandé à mon père de venir plus tard chercher mon cher journal pour le garder en ma mémoire.

Tous les fils aînés des nobles étaient présents. Un garçon qui m'a semblé plutôt sympathique est venu me parler. Il s'appelle Clovis. Les animateurs ont dit qu'on allait rencontrer le roi et qu'il allait choisir huit d'entre nous pour accompagner ses soldats pour fouiller le château. Je me sens responsable de la liberté du pays, car c'est moi le garçon choisi, mais ce fardeau est trop lourd pour moi. Ça me fait repenser à mon désir de vivre des aventures, mais je sais que ce serait trop rêver.

24 octobre

Les deux derniers jours ont passé tellement vite qu'aujourd'hui tout le monde s'est levé en boudant. Je n'ai pas eu le temps d'écrire tellement j'étais épuisé. Je ne peux toujours pas croire que j'ai parlé au roi et qu'il m'a choisi comme chef du groupe. Clovis a été choisi aussi. C'est aujourd'hui le début de la grande recherche, et personne ne sait quand Adrien arrivera avec ses troupes assoiffées de sang. Personne ne sait que je suis celui qui détient la clé. De toute façon, je ne me sens pas assez prêt pour l'annoncer à qui que ce soit.

25 octobre

On a cherché *Le livre du destin* toute la journée sans succès. Une idée m'est venue en tête : j'ai proposé au roi de faire un faux livre pour tromper l'ennemi. Il a apprécié mon idée, mais il m'a fait comprendre que ce n'était pas suffisant pour détourner notre redoutable ennemi de son objectif.

Je suis épuisé. J'ai vraiment mal au dos et mes pieds me font mal. Mais je dois être courageux, comme mon père l'a toujours été, et je dois garder espoir.

Je me suis familiarisé avec les garçons de mon groupe, ces derniers jours. Je bavarde plus souvent avec Clovis. Il aime me donner des conseils et j'apprécie beaucoup son aide.

— Hé, Gaël! T'es-tu demandé pourquoi on n'a pas fouillé la salle même où reposait le livre?

— Non, pourquoi?

— Bien, je crois qu'on devrait y aller, même si c'est probablement le premier endroit où ils l'ont cherché.

— Je suis d'accord. Nous irons demain.

26 octobre

Aujourd'hui, cher journal, la journée a été bouleversante, surtout pour moi. Tout d'abord, on est partis chercher *Le livre du destin* dans la pièce où il se trouvait normalement. Dès que je suis entré dans la pièce, je l'ai vu... j'ai vu le livre flotter à deux mètres du sol! Il était entouré d'un liquide visqueux, noir, qui tourbillonnait. Sur la couverture en or, il y avait le même dessin de la main qui se trouve dans la grotte. J'ai tout de suite appelé Clovis.

— Hé, Clovis! Viens par ici. Regarde ce qui se passe.

— Qu'est-ce que tu veux dire? Je sais qu'on a redoublé d'ardeur. Tout le monde est à bout de souffle.

— Non, pas cela. Regarde! Ne vois-tu pas *Le livre du destin*, là-bas? Il flotte dans les airs.

— Je ne vois rien du tout. Est-ce que tu vas bien, Gaël?

J'ai été pris de panique lorsque j'ai réalisé que personne d'autre ne pouvait voir le livre.

— Tu avais raison, Clovis, le livre se trouve ici.

— Calme-toi et raconte-moi.

— Connais-tu la caverne inexplorée? Celle qui est hantée?

— Oui, je sais de quoi tu parles.

— Bien, j'y suis allé avec mon père et j'ai découvert que j'étais le garçon choisi, selon la prophétie.

— Non, mais dis-moi que tu blagues!

— Ai-je l'air de quelqu'un qui blague? Il faut que tu me dises ce que tu sais à propos de cette prophétie.

— J'ai appris que le choisi devrait combattre les Ténèbres et qu'effectivement, il pourrait à ce moment percevoir l'invisible. Il devrait se sacrifier pour ouvrir le passage à la Lumière et ainsi sauver le royaume.

— Tu me crois, maintenant?

— Je te crois, Gaël. Mais nous devons d'abord te préparer pour tout ça. Tu reviendras demain.

Après cet évènement inattendu, on est sortis pour aller se reposer un peu. J'avais besoin de me replacer les idées. Je dois faire ce que j'ai à faire : me sacrifier pour les autres.

À présent, j'écris. Je me sens affligé, seul. Demain sera le grand jour tant attendu par tout le monde. Cher journal, voici ce que je suis censé faire :

- Je devrai entrer dans le tourbillon qui entoure *Le livre du destin* et me battre contre la puissance de la magie noire.

- Ensuite, j'appuierai sur la main tracée sur le livre pour enfin déverrouiller le chemin à la Lumière.

La Lumière ramènera la paix et l'ordre. Je crains de ne jamais connaître ce monde parfait. Au moins, ceux que j'aime le célébreront pour moi. Peut-être serai-je épargné? Peut-être ne le serai-je pas.

Cette entrée de mon journal pourrait être la dernière. Mon sort est entre les mains du destin.

La légende du Cheval enflammé

Samantha Cyr
École Boréale, Ponteix

Tout à coup, j'entends un bruit, comme un mur qui se brise. Je sursaute et je peux entendre le feu. Je commence à sentir la fumée. Rapidement, je prends mon fils par la main et je lui dis qu'on doit se sauver. C'est la quatrième fois cette année, jusqu'à présent, que notre maison brûle. Je suis très triste, mais ma peur m'empêche de le montrer. On embarque dans la voiture et on part à toute vitesse. Dans le rétroviseur, je le vois ; il est devant ma maison et me regarde. Je ferme les yeux et quand je les rouvre, il a disparu. Était-ce mon imagination?

Il faut qu'on aille loin, très loin. Loin d'ici, loin du sud de la Saskatchewan. J'irai au nord. En chemin, mon fils me demande : « Papa, pourquoi est-ce que nos maisons prennent feu? » Je lui réponds : « Je vais te raconter une histoire qui m'a été dite par mon père quand j'étais petit, parce qu'on a eu le même problème. »

Vers les années 1900, en Saskatchewan, Madeline et Albert Levère avaient une jument qui s'appelait Stella. Stella était noire avec une étoile sur le front et des sabots blancs. Elle était très sage, très obéissante, et Madeline n'eut jamais de difficulté avec elle. Madeline l'avait reçue pour son 27e anniversaire, et elle la nomma Stella, parce qu'en italien, Stella veut dire étoile. Après un moment, Stella et Madeline firent des compétitions de sauts d'obstacles.

Lors de l'une de ces compétitions, elles rencontrèrent un homme aux cheveux bruns qui vint avec un cheval roux ayant une marque blanche sur le front, et une crinière et une queue noires.

— Bonjour, Monsieur. Je suis Madeline Levère, et voici Stella, ma jument.

— Ah, je suis Hector Lamotte, et voici Noisette. C'est le meilleur cheval du pays. Il a battu le record l'année dernière. Noisette sera toujours le meilleur. Il va encore gagner cette année. Ça, c'est sûr!

En continuant vers le terrain, Madeline dit à Hector :

— Eh bien, bonne chance! À plus tard.

— Oui, oui!

Les deux se séparèrent. Madeline alla réchauffer Stella, et Hector se rendit aux écuries.

Plus tard, Madeline regarda Hector et Noisette faire leur parcours. Ils firent très bien en peu de temps. La foule applaudit longuement. Hector sortit du terrain avec un grand sourire provocant et dit à Madeline :

— Avec beaucoup de chance, et si tu fais de ton mieux, tu vas peut-être te placer en deuxième position.

Enfin, l'annonceur appela Madeline et Stella en leur disant que c'était leur tour. Toutes les deux sautaient en un temps record. Néanmoins, Hector avait un meilleur temps à ce stade de la compétition. Alors, Stella accéléra un peu et compléta un dernier saut parfait. La foule applaudit. Après que tous les compétiteurs eurent terminé, l'annonceur dit :

— Bonjour, tout le monde, nous allons annoncer les gagnants! En troisième position, Henri Boiseau avec Cuivre! En deuxième position, Hector Lamotte avec Noisette! La gagnante est Madeline Levère avec Stella!

Aussitôt les résultats donnés, la foule applaudit à tout rompre. Des journalistes se précipitèrent vers Madeline et Albert pour prendre des photos et poser des questions à propos de Stella. Pendant ce temps, Madeline fut distraite quelques secondes par Hector. Il n'était pas content. Il était si frustré que ses poings étaient serrés, ses sourcils froncés, et il trébucha en tirant Noisette par la bride. En voyant cela, Madeline fut un peu inquiète.

Après la journée de compétition, les Levère arrivèrent chez eux dans la noirceur. Madeline prit une lanterne et alla dans l'écurie pour nourrir Stella et lui donner de l'eau. Albert vint lui donner un coup de main.

Quand ils eurent fini, ils dirent bonsoir à Stella. Mais alors qu'ils s'apprêtaient à sortir, ils virent Hector près de la porte de l'écurie. Il regardait aux alentours, comme s'il cherchait quelque chose.

– Que faites-vous ici? demanda Madeline.

– Euh… Je voulais juste te rappeler que Noisette sera toujours le meilleur, alors je vais faire en sorte qu'il reste toujours le gagnant.

– Qu'est-ce que ça veut dire?

Hector ne dit rien. Il prit son fusil, qui était près de la porte, et tira sur Madeline et Albert qui tombèrent sur le sol, morts. Stella fut alarmée par le bruit et hennit. Elle regarda au sol, puis vers ses maîtres et sembla très troublée. Hector marcha autour du couple mort et s'arrêta devant la stalle de Stella et dit :

– Stella, Stella, Stella, le cheval qui a mieux performé que Noisette. Une fois que je t'aurai abattue, Noisette sera de nouveau le meilleur!

Stella mordit l'épaule d'Hector qui poussa un cri en lui

frappant la tête. Cette dernière recula dans sa stalle et secoua la tête. Hector regarda son fusil qu'il avait en main et dit :

– Hum… non. Je veux te voir souffrir.

Il mit sa main dans ses poches et en sortit une boîte d'allumettes. Il en alluma une et la jeta dans le foin qui se trouvait dans le coin de l'écurie. En sortant, il remarqua que Stella ne le quittait pas des yeux. Il en eut la chair de poule. Il sortit de l'écurie et s'accota contre un arbre, entre la maison et l'écurie. Il surveilla le feu, son fusil à la main, content de son plan.

Le feu grandit. De l'arbre, Hector vit Stella qui commençait à paniquer. Elle essaya de sortir de sa stalle, mais elle était enfermée. Elle hennit avec terreur. Hector sourit pour marquer sa satisfaction. Le feu s'approchait de la stalle de Stella. Hector ne pouvait presque plus la voir. Il y avait trop de fumée. Elle alla contre le mur de gauche, à l'opposé des flammes qui envahissaient l'autre mur. Elle hennit encore très fort. Ensuite, la paille s'enflamma sous ses sabots et le feu se répandit à la vitesse de l'éclair. Bientôt, Hector ne put plus la voir, mais il pouvait encore entendre ses cris de douleur.

Plutôt que de brûler à mort, Stella se transforma. Elle devint noire comme du charbon. Ses sabots, sa crinière et sa queue se transformèrent en flammes. Ses yeux devinrent orange comme le feu, et l'étoile blanche sur son front devint grise. Elle devint folle de colère et brisa la porte de la stalle avec ses sabots. Le Cheval enflammé sortit de l'écurie, cherchant le criminel pour se venger.

Hector entendit le bruit et regarda vers l'écurie. Il cherchait à en comprendre la cause quand il vit, près de l'entrée, le Cheval enflammé, fou de rage, qui le regardait dans les yeux. Hector fut saisi de peur. Il courut jusqu'à Noisette, monta le plus vite possible et partit à toute vitesse.

Le Cheval enflammé le poursuivit. Alors qu'Hector passait près de la maison des Poivrier, le Cheval enflammé passa à travers le mur et mit le feu à la maison. Hector en profita pour s'enfuir vers le nord.

Hector chevaucha pendant des heures en essayant de se sauver le plus loin possible.

En route, Hector pensa à sa famille, à sa femme et à son fils de sept ans qu'il avait laissés derrière. Craignant que le Cheval enflammé aille chez lui, il décida de faire demi-tour. Hector se demanda ce qu'il devrait faire : retourner et risquer sa vie pour essayer de sauver sa famille ou s'enfuir pour sauver sa vie? C'était une décision difficile, mais il ne voulait pas risquer sa vie ni celle de sa famille et, en plus, il ne voulait surtout pas révéler à sa famille qu'il avait été si jaloux qu'il avait assassiné ses compétiteurs, Madeline et Albert. Alors il décida de s'enfuir vers le nord.

Le Cheval enflammé pouvait flairer Hector à son odeur. Lorsque celle-ci le menait vers une maison, il y entrait et cherchait Hector partout. Mais chaque fois, Hector n'y était plus. Cela rendait le Cheval enflammé si furieux que les flammes sur sa crinière et sa queue devenaient énormes, ce qui mettait le feu à tout autour de lui. Fou de rage, il repartait sur les traces d'Hector.

Pendant huit ans, Hector alla de maison en maison en essayant de s'enfuir. Finalement, un jour, il décida de retourner vers sa famille. Une fois rendu chez lui, il cogna à la porte. Sa femme, qui était en train de laver le plancher, ouvrit la porte. En voyant Hector, elle fut surprise, mais courut vers lui.

– Où étais-tu?

– Je vais te le dire. Mais avant, où est notre fils? Appelle-le!

Ils entrèrent tous les trois dans le petit salon et Hector leur raconta ce qui s'était passé au cours des dernières années, sans toutefois avouer qu'il avait assassiné Madeline et Albert. Sa femme et Jean eurent des émotions mitigées. Ils étaient à la fois surpris et pleins d'incrédulité, mais après un peu de temps, ils décidèrent de prendre la fuite.

La famille se préparait à partir quand, soudain, une partie de la maison prit feu et devant eux se trouvait le Cheval enflammé. Hector dit à sa famille de sortir. Il recula un peu, prit son fusil de chasse et tira plusieurs coups sur le Cheval enflammé. Mais le Cheval enflammé ne subit aucune blessure et s'avança rapidement vers Hector et lui mordit le bras. Cette morsure lui donna tant de douleur qu'Hector échappa son fusil et partit à la course vers la porte, tenant son bras ensanglanté et gravement brûlé. Tout à coup, le Cheval enflammé lança une boule de feu de sa bouche qui enflamma la porte. Hector courut vers la fenêtre, mais le Cheval enflammé le rattrapa et lui donna une ruade sur le côté qui le fit tomber sur le plancher. Le Cheval enflammé se dressa sur ses pattes arrière, prêt à écraser Hector avec ses sabots avant. Par chance, tout près d'Hector se trouvait un seau d'eau laissé là par sa femme. Hector jeta l'eau sur le Cheval enflammé qui se retourna pour l'éviter. La partie de la crinière qui fut atteinte s'éteignit et le Cheval enflammé devint un peu plus faible. Pendant qu'il essayait de regagner sa force, Hector en profita pour sortir de la maison en flammes et sauta sur Noisette avec peine. Ils partirent à toute allure. Hector regarda derrière lui et il vit, à travers les flammes, le Cheval enflammé qui le fixait et qui semblait dire : « Tu t'es échappé cette fois, mais je t'aurai un jour. » Puis il disparut.

🐎 🐎 🐎

J'ai fini mon histoire et mon fils me regarde, confus : « Si le Cheval enflammé voulait se venger d'Hector, pourquoi brûle-t-il nos maisons? » Je lui réponds : « Hector est mort de vieillesse sans subir sa punition. Or, le Cheval enflammé veut encore se venger. Alors, il se venge contre nous, parce que nous sommes les descendants d'Hector. »

Voilà pourquoi les maisons, les prairies et les forêts prennent feu sans raison apparente. C'est parce que le Cheval enflammé cherche encore Hector, et tant qu'il ne l'aura pas trouvé, elles continueront de brûler.

Un nouveau regard

Laura Doyon
École Ducharme, Moose Jaw

– J'étais comme toi, il y a longtemps.

– J'en doute.

Elle me regarda un moment, puis ses yeux fixèrent son cellulaire.

– Je suis sérieuse, ma fille. Je ne faisais confiance à personne, lui dis-je en m'asseyant à côté d'elle.

– Appelle-moi pas « fille »! Juste parce que t'es ma mère, ça ne veut pas dire que tu peux me donner des noms.

– Non?

Je lui souris.

– Non, et si tu étais comme moi avant, pourquoi tu ne l'es plus?

– Laisse-moi te raconter un évènement très important qui est arrivé il y a presque vingt ans.

J'entendais le son de mes talons hauts qui frappaient le gravier. Le ciel était très sombre, mais je ne voyais pas de nuages. Le soleil avait disparu. Étrangement, il faisait quand même clair.

Je continuais à marcher vers l'édifice au coin de la rue. Il y avait tellement de voitures que j'avais dû me garer loin de la galerie d'art. Je savais que beaucoup de monde allait venir à la vente aux enchères et que mon tableau aurait un grand succès.

Il y a plusieurs années, je vendais mes tableaux dans un petit kiosque au coin de la rue. J'avais eu de la chance quand une dame très riche avait acheté plusieurs de mes toiles. Après cette vente, j'étais devenue très populaire. Parfois, je me comparais à Van Gogh ou Picasso. Je pensais avoir autant de talent qu'eux.

J'arrivai finalement à l'entrée de l'édifice. J'ouvris la porte avec mon pied, car dans mes mains je tenais la toile qui m'avait pris cinq mois de travail. Un tissu blanc la recouvrait. Je me précipitai vers une grande salle au bout du couloir. Une fois entrée, je vis plusieurs visages qui m'examinaient. Je me sentais tellement fière. J'aimais ça quand tout le monde me regardait. J'aimais l'attention qu'ils me donnaient. Je marchai à côté des dizaines de rangées de bancs et je me retrouvai sur une petite plate-forme. Tranquillement, je plaçai mon œuvre d'art sur un petit chevalet.

Trente minutes plus tard, ma peinture était vendue pour 4 300 $. J'avais pensé gagner beaucoup plus pour mon œuvre. Je ne comprenais pas pourquoi, moi, je ne pouvais pas avoir autant que ce que les gens paient pour les toiles de Van Gogh. Je pensais mériter plus.

En enlevant la toile du chevalet, l'homme qui avait acheté mon tableau me dit que j'étais très talentueuse.

– Je le sais. Mais je crois que vous auriez pu payer beaucoup plus si vous le croyez vraiment, lui répondis-je.

Il me regarda de manière bizarre.

– Excusez-moi? J'ai payé beaucoup d'argent et vous avez l'audace de me dire…

Je lui coupai la parole.

– Vous savez que j'ai raison.

Il avait ouvert la bouche comme s'il allait dire quelque chose, mais la referma vite. Il se tourna et sortit sans dire un mot.

En sortant de l'édifice, j'ouvris mon parapluie, car il pleuvait. Aussi vite que possible, sans me faire mouiller, j'entrai dans mon véhicule. En essayant de le faire démarrer, il n'y eut aucun son. Je réessayai, mais la voiture ne démarrait pas.

– Encore une fois?!

Je sortis de la voiture et j'ouvris le capot pour examiner le moteur. De la fumée en sortait.

– Est-ce qu'il y a un problème avec votre auto? me dit l'homme qui venait d'acheter mon tableau.

Je lui répondis d'un ton sec.

– Non, il n'y a pas de problème.

– Vous êtes certaine?

– Je suis certaine.

– Vous ne voulez pas que je vous aide?

– Premièrement, ma voiture n'a pas de problème. Deuxiè-mement, je suis capable de faire les choses par moi-même. Au revoir!

Je pris mon sac à main et je me retournai pour marcher vers la maison.

Il faisait froid. Mes pieds et mes mains étaient gelés. En plus, je ne pouvais me mettre les mains dans les poches, car je devais tenir mon parapluie. Ça faisait presque vingt minutes que je marchais et la pluie était devenue plus forte. Peut-être que j'aurais dû accepter l'aide de l'étrange acheteur.

Soudain, je suis tombée par en avant, me frappant brutalement contre le ciment. Je sentis une grosse douleur dans mon bras. J'ai essayé de crier, mais aucun son ne sortait. Je me tortillais sur le sol mouillé en tentant de retenir mes larmes. Je voyais flou, mais je pouvais quand même voir que mon poignet était cassé, car il était plié d'une façon anormale. J'avais dû trébucher sur une fissure dans le trottoir. Je continuais à pleurer, incapable d'arrêter. La douleur était trop forte. Avec mon autre main, je sortis mon téléphone cellulaire de mon sac pour appeler une ambulance.

J'examinais la salle. Les murs blancs. La petite fenêtre dans le coin. Je sentais le lit inconfortable. Il n'y avait que le silence. Je regardai le plâtre autour de ma main et de mon avant-bras.

— Bonjour.

Une infirmière entra dans la chambre. Je ne lui répondis pas.

— C'est vous, Aurélie Côté, l'artiste? me dit-elle en souriant.

— Aurélie Marie-Rose Côté. Oui, c'est moi.

— Est-ce que vous peignez avec la main droite?

— Oui.

Son sourire disparut.

— Je suis désolée, mais il va falloir que vous attendiez jusqu'à ce que votre poignet ne soit plus dans son plâtre pour recommencer à peindre.

— Quoi? Non! Peindre, c'est ma vie! C'est tout ce que je fais! En plus, j'ai besoin de commencer une autre peinture dès que possible pour ma prochaine exposition!

— Je suis vraiment désolée, mais nous ne pouvons rien faire.

— Vous ne pouvez pas m'empêcher de faire mon travail. Je passe mes journées à peindre! Je ne peux pas peindre avec mon autre main!

— Je vous ai dit que nous ne pouvons rien faire.

Je lui jetai un regard méchant.

— Trouvez-vous des activités à faire. Allez voir de la famille ou des amis.

— Ma famille vit très loin, je n'ai pas d'amis et je n'aime pas parler avec les gens.

— Je comprends.

– J'ai toujours été tellement occupée avec mon métier que je n'ai pas eu le temps de faire autre chose.

– Maintenant, vous avez finalement le temps.

Un grand sourire était apparu sur son visage. Je la regardai sévèrement. Elle arrêta de sourire. Après un moment de silence, elle se retourna et sortit de la chambre.

En rentrant chez moi, je m'installai devant une toile blanche. Je ramassai un pinceau avec un peu de peinture verte et essayai de peindre une simple fleur. Au moment où je plaçai le bout du pinceau sur la toile, je sentis la douleur revenir dans mon poignet et je lâchai le pinceau qui tomba sur le sol. Je n'étais plus capable de peindre!

– Non!

Je ramassai une poignée de pinceaux avec mon autre main et je les lançai sur le mur. Je restai silencieuse, assise sur le divan, durant plus d'une heure. J'essayai de penser à autre chose.

Je mis mes souliers et sortis dehors. Je marchais tranquillement sur le trottoir de la rue principale. Je ne savais plus quoi faire quand j'entendis une voix.

– OK. Je vais leur dire que la réunion a été annulée. Au revoir.

C'était l'homme à qui j'avais vendu mon tableau. Il avait fermé son téléphone et l'avait rangé dans sa poche de manteau. Il remarqua mon bras et rit un peu en se détournant. Je le fixai alors qu'il s'éloignait. Je ressentis quelque chose de différent, quelque chose de nouveau pour moi.

Ça faisait déjà deux semaines que je m'étais cassé le poignet. Chaque jour, j'allais prendre une longue marche, même si ça ne me tentait pas. Chaque fois que je passais à l'endroit où j'avais vu l'acheteur, je me sentais toute drôle.

Un mois plus tard, en prenant ma marche quotidienne, j'aperçus une vieille dame qui avait de la difficulté à mettre ses sacs d'épicerie dans son chariot. Quelque chose en moi m'a dit que je devais aller l'aider, même si ce n'était pas une chose que je faisais normalement. Je ne sais pas ce qui m'a pris, mais je l'ai fait quand même.

Quelque temps plus tard, je me sentis de très bonne humeur. C'était comme si je savais d'avance que j'allais avoir une belle journée. J'allais me faire enlever mon plâtre. J'avais hâte de recommencer à peindre.

Assise sur le lit d'hôpital, j'attendais le docteur. Finalement, il entra avec quelques infirmières. Ce n'était pas le même que j'avais vu la dernière fois.

— Bonjour, je m'appelle…

Il arrêta sa phrase au moment où nos regards se croisèrent. C'était encore lui. C'était l'acheteur de mon tableau. Il me regardait sans sourire.

— Docteur Lacroix.

— Bonjour, lui dis-je d'un ton calme.

— Comment va votre poignet? me demanda-t-il en forçant un sourire.

— Bien… Où est le docteur Beaudoin?

— Il ne pouvait pas venir aujourd'hui. Je le remplace. Est-ce qu'il y a un problème? demanda-t-il d'un ton sec.

— Non, non. Je suis juste surprise d'apprendre que vous êtes médecin… Est-ce que c'est un emploi intéressant?

— Je ne ferais pas ce métier si je n'aimais pas ça.

Il tenta un sourire.

— Une chose qu'il faut apprendre à faire quand on est médecin, c'est d'être gentil avec les gens…

Il hésita.

— …même si on n'en a pas envie.

À ce moment-là, je me mis à penser à quelque chose

d'intéressant. Je me rappelais la première conversation que j'avais eue avec cet homme et ce que je lui avais dit. Je ne savais pas pourquoi je n'avais pas réalisé ça avant.

Il me dit :

– Maintenant, nous allons enlever votre plâtre.

Après un moment, je lui dis tout bas :

– Je m'excuse.

– Vous vous excusez? De quoi?

Mais je savais qu'il comprenait ce que je voulais dire.

– Pour tout ce que j'ai dit.

Il me regarda dans les yeux.

– Pourquoi n'avez-vous pas réalisé ce que vous disiez… quand vous le disiez?

Je lui répondis d'une voix douce.

– Je ne le sais pas. Avant, je ne voyais pas ce que je faisais de mal.

– Rien de mal? Comment n'avez-vous rien vu?

– J'ai été élevée avec les manières de mes parents. J'ai toujours eu de la difficulté à me faire des amis et je ne pensais jamais que c'était de ma faute. Je ne sais pas comment je n'ai jamais rien vu, dis-je en baissant la tête. Je regrette tout ce que j'ai dit. C'est pour ça que je vous demande pardon. Je vais aussi demander pardon à toutes les autres personnes que j'ai blessées. Je suis sûre qu'elles ne voudront rien savoir de moi, mais je vais au moins essayer.

Nous restâmes silencieux un moment. Puis il me fit un sourire. Un vrai sourire.

– Je ne te crois pas, dit ma fille en rigolant.

– Je suis très sérieuse, Nadia.

– C'est dur de te voir comme ça.

– Quand j'ai pris conscience de comment j'étais, c'était dur à croire aussi.

– Est-ce que… Elle hésita et sourit. L'homme dans ton histoire, est-ce que c'est papa?

Je répondis par un petit sourire. Soudain, la porte s'ouvrit.

– Salut. Vous avez eu une belle journée? demanda-t-il en souriant.

C'était le même sourire qu'il y a vingt ans.

Surnaturel

Élise Pelchat
École Notre-Dame-des-Vertus, Zenon Park

C'est la veille de mon treizième anniversaire et je travaille fort à mon pupitre dans ma chambre, en compagnie de mon perroquet, Bob, qui répète toujours ce que je dis.

– Bob, ferme-la! Je n'ai pas de temps à perdre, lui dis-je avec impatience.

– Bob, ferme a, j'ai pas temps perdre.

Alors, après ce commentaire inutile, je me tais et j'ai ma concentration complète. Je fais une liste de tous les pouvoirs magiques idéaux que je peux imaginer. Vous vous demandez peut-être pourquoi je fais cette liste. C'est qu'un d'entre eux pourrait être le mien. Oui, croyez-moi, c'est la vérité. C'est que demain ne sera pas une fête typique d'adolescent. Ma famille est un peu différente de toutes les autres. Il y a très longtemps, quand la Terre et les humains furent créés, il y avait un homme qui était moitié humain et moitié dieu. Non, non, ce n'était pas Perseus des mythes grecs, mais plutôt Augustin. Il s'est marié, a eu un fils et est parti à la recherche de richesses dans d'autres territoires. Il a vécu très longtemps, mais avant sa mort sur terre, il a utilisé le restant de ses puissances divines pour permettre à tous ses descendants, filles et garçons, d'avoir des pouvoirs magiques. Ces habiletés, ils les auraient le jour de leur treizième anniversaire. Augustin a choisi 13 ans, car dans ce temps-là, puisque les gens ne vivaient pas aussi vieux qu'aujourd'hui, ça représentait la transition de la vie d'enfant à la vie adulte. Comme vous l'avez peut-être compris, cet homme-dieu est mon ancêtre. Alors, demain je recevrai un pouvoir extraordinaire. J'ai fait la liste pour m'aider à le découvrir parce que je n'ai malheureusement aucune façon de prédire quelle habileté j'aurai. Mon plan est de me sauver de l'école, de tester divers pouvoirs dans la ville durant la journée, et de revenir juste à temps pour prendre l'autobus.

ॐ ॐ ॐ

Le lendemain matin, c'est Bob qui me réveille, comme d'habitude, à sept heures quarante-cinq pile.

– Beep! Beep! Beep!

Depuis le jour où je l'ai eu, je n'ai plus eu besoin d'un cadran pour me réveiller, car il imite encore la sonnerie du cadran de notre première matinée ensemble. Alors ce matin, comme tous les matins, je lance mon oreiller sur la cage de Bob pour le faire taire. Ensuite, je me lève et m'habille rapidement parce que c'est la journée que j'attends depuis si longtemps. Je me dirige vers la chambre de mon frère qui a déjà dépassé ses 13 ans.

– Maxime, réveille-toi! Tu vas être en retard pour l'école.

Mais lui, avec son pouvoir d'élasticité, a simplement étiré son bras et m'a fermé la porte au nez. Alors je me rends à la cuisine où je trouve ma mère qui remplit ma boîte à lunch. Parfois, elle voudrait tant avoir un pouvoir, elle aussi, mais parce qu'elle n'est pas une descendante de l'homme-dieu, elle n'a pas le privilège de son mari et de ses enfants.

Quand mon père revient de chercher le journal, il est le premier à me souhaiter bonne fête, suivi par ma mère, bien sûr. On s'assoit autour de la table et on mange notre déjeuner. Mon père raconte son treizième anniversaire et comment il a fait la découverte de sa force surhumaine.

– C'était ridicule! Je m'étais réveillé en aplatissant mon cadran. Ensuite, j'avais écrasé la poignée de ma porte de chambre. En mangeant mes céréales, j'avais plié tant de cuillères que ma mère avait été obligée d'en acheter de nouvelles à plusieurs reprises! Mais après quelques semaines et maints cadrans, j'ai finalement appris comment contrôler ma force.

En un clin d'œil, c'est déjà le temps de prendre l'autobus et ma journée commence pour vrai.

Rendue à l'école, j'essaie de me camoufler à travers les autres élèves tandis que je me dirige vers l'arrière de l'école pour me rendre dans la cour de récréation. Comme je m'apprête à tourner le coin, j'entends une voix derrière moi.

– Que fais-tu?

Les yeux grands ouverts et la respiration irrégulière, je me retourne lentement et je suis soulagée. C'est Mario, un garçon de ma classe de mathématiques que j'attrape toujours en train de me regarder. Je le prends par la chemise et je le tire avec moi derrière l'école.

– Fais moins de bruit! Tu ne vois pas que j'essaie de m'échapper d'icitte?

Il hausse les épaules.

– Pourquoi veux-tu partir? Tu viens d'arriver.

– Je ne veux pas te le dire. Fiche-moi la paix.

– Je vais le dire à Mme Laronge…

– OK, OK! Je vais te le dire.

Alors, je raconte rapidement à Mario l'histoire de mon ancêtre Augustin et du pouvoir magique dont je dois hériter aujourd'hui. Après l'avoir fait, je le repousse.

– Va-t'en en classe! Tu vas manquer le début du cours de maths.

Je me retourne et soupire. Cela aurait pu finir très mal.

Je sors ma liste de pouvoirs de ma poche et lis le premier : voler comme les oiseaux. Je lève les yeux de la page pour voir la structure de jeux dans la cour d'école. Je souris, car j'ai une merveilleuse idée. Je regarde autour de moi pour m'assurer que personne ne me voit, et je pars en courant pour grimper jusqu'au plus haut point de la structure. Je passe les balançoires et le carré de sable, ensuite je grimpe sur la glissoire jaune et je suis rendue au sommet! Je regarde en bas et je suis hypnotisée par le sable aplati qui m'attend quelques mètres plus bas. Quand je reviens à la réalité, je planifie mon saut : je vais m'éloigner du bord. Je vais me mettre à courir, puis je vais m'élancer dans les airs… mais, mon imagination m'emporte au sol où je tombe misérablement sur les fesses! Au moment où je m'apprête à sauter, une main agrippe mon chandail, me tire et me fait faire un pas en arrière. Quand je vois qui c'est, je suis plus frustrée que jamais.

– Je t'ai dit d'aller en classe, Mario!

Avec un sourire aux lèvres, il répond :

– Pensais-tu vraiment que j'étais pour te laisser partir… et te casser le cou dans la cour d'école? En plus, les maths sont ennuyantes sans… Euh, je reste avec toi aujourd'hui pour ta protection et pour m'assurer que tu restes raisonnable.

– Quoi? Non, je n'ai pas besoin d'ange gardien! J'ai 13 ans maintenant et je suis indépendante!

– Sans moi, tu te serais blessée il y a deux minutes. Alors, je m'excuse, mais il n'y a pas de négociation.

Je roule les yeux.

– D'accord.

– Maintenant, descends plus bas et saute d'une hauteur plus sécuritaire.

– Oui, oui, j'y vais.

Je peux vous dire une chose : je me serais sérieusement fait mal si j'avais sauté de plus haut parce que, premièrement, le sable très aplati est dur comme de la roche et, deuxièmement, j'apprends que je ne peux pas voler. Alors, pour me remonter le moral, Mario insiste :

– Pourquoi pas commencer la journée avec un peu de crème glacée? Je paie. Qu'en dis-tu?

– Certainement! C'est difficile de refuser de la crème glacée quand même...

Nous marchons jusqu'au salon de crème glacée. Je m'assois et Mario se rend au comptoir pour commander. Je sors la liste de ma poche et le prochain pouvoir est : lire les pensées. Quand Mario revient à la table avec nos crèmes glacées, je lui dis avec conviction :

– Un sandwich!

Avec un air confus, il répond :

– Quoi? Non, c'est de la crème glacée.

– Oh, laisse faire.

Évidemment, je ne peux pas lire ses pensées.

Après nous être régalés, je ressors ma liste pour contempler mon prochain défi. C'est de pouvoir marcher à travers les murs. Je lève les yeux pour apercevoir un gros mur de brique. Je souris et je cours à toute vitesse vers le mur.

BOOM!

Je me retrouve par terre avec un mal de tête. Mario vient rapidement à mes côtés.

– Es-tu correct?

C'est à ce moment, quand Mario est penché au-dessus de moi et me regarde dans les yeux que je réalise combien magnifiques et brillants sont ses yeux. Je souris et il m'aide à me relever. On retourne à notre table, je ramasse ma liste et on sort dehors.

ॐ ॐ ॐ

Nous avons passé la journée entière ensemble à essayer de trouver mon pouvoir. La lévitation? Il m'aurait fallu une corde et une poulie. La rapidité? Peut-être si j'étais moitié guépard. L'invisibilité? Il faudra que je consulte les fantômes pour celui-ci. La duplication? Seulement si j'avais un bouton pour me multiplier comme une calculatrice. La journée n'est pas un succès, mais je suis contente et satisfaite de l'avoir passée en m'amusant avec Mario.

Nous revenons à l'école juste à temps pour prendre l'autobus et peu après, je me retrouve dans ma chambre, sur mon lit en train d'observer le plafond. Je me dis tout haut :

– Je n'ai pas besoin de pouvoir magique pour être heureuse. Maman en est un très bon exemple. Elle est toujours joyeuse et reconnaissante, même sans pouvoir.

Bob m'interrompt et parle lui aussi. Je présume qu'il répète ce que j'ai dit. Mais non, il me parle comme n'importe qui d'autre le ferait :

– Ne t'inquiète pas, ma belle. Tu as un pouvoir très spécial. Je crois même que c'est le meilleur.

Mes yeux s'ouvrent le plus grand possible et mon menton touche presque par terre. Je ne l'aurais jamais même imaginé : le pouvoir de parler aux animaux! Quand j'y pense, je suis partie de ma chambre si vite ce matin que je n'ai même pas laissé la chance à Bob de me parler. En plus, on vit dans une immense ville où il n'y a pas beaucoup d'animaux. Je comprends beaucoup mieux maintenant et mon premier réflexe est d'appeler Mario.

– Allo Mario! Passe le téléphone à ton chien!

– Quoi?

– Fais-le!

Alors, Mario tient le téléphone à l'oreille du chien pendant un moment. Puis il me demande :

– Euh, ça va?

– Bien. Ton chien a un peu mal à la patte et sa nourriture goûte le carton, mais autrement, ça va.

– Quoi? Es-tu folle? Comment sais-tu ça?

– Mon pouvoir : je peux parler aux animaux!

– C'est… c'est incroyable, c'est formidable, c'est magnifique!

– Je sais!

Sans nous en rendre compte, nous parlons pendant des heures.

అ అ అ

Après avoir découvert mon pouvoir, mes parents ont décidé que la meilleure place où vivre pour moi serait sur une ferme. Alors, peu après, nous avons déménagé sur une grande ferme, avec plein d'animaux, incluant Bob. Je suis toujours restée en contact avec Mario et après notre graduation, nous avons été à la même université. Si tu peux le croire, il était encore dans une de mes classes de mathématiques et me regardait autant que je m'en rappelais. La seule différence était que je le regardais aussi.

Demain, ma première fille aura 13 ans. L'aventure recommence!

Une toute petite exagération de rien du tout

Marie Hardouin
École canadienne-française, Saskatoon

— Ô, Grand Dryadalis! Raconte-nous une histoire!

Les exclamations des petits elfes masquent le grincement de mes jointures usées alors que je prends place sur mon habituelle souche d'arbre, sous le grand chêne centenaire du village. M'appuyant sur ma canne, je prends une inspiration exagérée, feignant de m'apprêter à narrer un conte. Les elfes assis en cercle autour de moi se taisent aussitôt, leurs yeux fixés sur moi et leurs oreilles pointues écarquillées au maximum pour pouvoir saisir chaque syllabe de ma narration.

Mes rides prononcées se plissent dans un petit sourire de satisfaction. Voilà la meilleure partie d'être le doyen du village : l'heure de l'histoire. Le temps où chacun, les petits comme les grands, ne prête attention qu'à moi et à ma voix féerique qui les emporte tous dans un autre monde pendant quelques instants, un monde où je raconte mes aventures de jeune elfe. Et ensuite, une fois le récit fini, je savoure le respect renouvelé qu'ils ont pour ma sagesse, mon expérience et ma bravoure, grâce à mes talents de narrateur.

Je me racle la gorge bruyamment. Ça y est, c'est parti.

— Il était une fois, dans un village dissimulé au fin fond d'une forêt enchantée, un jeune elfe qui rêvait d'aventure. Son nom était Dryadalis.

Mes talents de conteur entrent en action. Tous les elfes sont captivés par ma voix, même si celle-ci commence à devenir un peu rauque avec l'âge.

– Un beau matin, ce jeune Dryadalis fut brusquement réveillé d'un profond sommeil par un cri strident, semblable à un appel à l'aide. L'elfe sortit précipitamment de sa hutte pour tenter de trouver la provenance de cette clameur.

– Pourquoi vous référez-vous toujours à la troisième personne en parlant de vous-même? m'interrompt un jeune elfe.

– C'est plus… poétique. Et je vous prierais de ne plus m'interrompre. Où en étais-je? Ah, oui. Lorsque Dryadalis arriva à la place centrale du village, tous les elfes y étaient déjà rassemblés, aussi intrigués que lui. Les hurlements avaient en fait été émis par le chef du village et son épouse qui venaient de s'apercevoir de la disparition de leur fils, Rubius. L'enfant s'était sûrement égaré en jouant dans la forêt cernant le village, et avait peut-être été surpris et capturé par un spécimen du Grand Peuple.

– Le Grand Peuple! Oh non, le Grand Peuple! s'écrie le même petit elfe insolent.

Je le fais taire d'un regard foudroyant et je reprends.

– Évidemment, les villageois eurent cette même réaction à l'annonce du drame. Le Grand Peuple se composait de prédateurs redoutés qui semaient la terreur dans notre civilisation depuis des siècles. Il n'y eut que Dryadalis qui garda son sang-froid. Celui-ci s'avança, le torse bombé, et se porta volontaire pour aller secourir le petit Rubius. Ignorant les murmures ahuris qui parcouraient les rangs de villageois, le jeune elfe posa vaillamment le pied sur le sol de la forêt recouverte d'un tapis de mousse et débuta sa marche en direction de la périlleuse contrée du Grand Peuple.

Le voyage de Dryadalis s'annonçait prometteur. Les rayons

ambrés du soleil illuminaient une forêt verdoyante et grouillante de vie. Au sol sautillaient plusieurs crapauds visqueux, certains portant une petite couronne sur la tête. Dans le ciel bleuté voltigeaient des phénix aux plumages flamboyants.

Les pas de l'elfe le guidèrent dans une petite clairière où une licorne était en train de brouter paisiblement de l'herbe émeraude. Sa crinière limpide, d'où émergeait une corne d'ivoire, couvrait son corps de nacre aux courbes parfaites. Oubliant momentanément sa quête, Dryadalis resta en état de rêve devant un animal avec autant de grâce.

Pourtant, une forme colossale et obscure rôdait autour de l'équidé. Son corps se fondait dans les ombres de la forêt. Seules deux perles, où les rayons du soleil se reflétaient, étaient discernables. À pas feutrés, la bête s'approchait graduellement de sa proie. Un éclat de lumière réfléchit sur ses écailles de cuivre, un court instant, mais assez pour que Dryadalis le reconnaisse : un dragon!

— Je pensais que les dragons étaient en voie d'extinction! interrompt l'elfe impertinent.

— Hum, bien sûr que non, je réplique. Qu'est-ce que tu en sais? Bon, continuons.

Dryadalis fut brusquement tiré hors de sa rêverie. Il fallait à tout prix empêcher cette bête, l'incarnation du mal, de dévorer un animal aussi innocent. Le brave elfe se faufila à travers la végétation dense jusqu'aux pattes du dragon, aussi larges que des troncs d'arbres. Puis, sans réfléchir, Dryadalis se mit à faire le plus de tapage possible, malgré sa petite taille. Il cria, frappa des mains et des pieds, jusqu'à ce que la licorne finisse par lever les yeux sur son prédateur. Affolée, elle hennit de terreur et galopa hors de vue.

La ruse de Dryadalis avait peut-être réussi à épargner la licorne, mais elle avait également attiré toute l'attention du dragon sur lui. Furieuse d'avoir perdu sa proie, la bête monstrueuse se jeta sur l'elfe en battant frénétiquement des ailes. Pendant que sa langue fourchue crachait des flammes brûlantes dans tous les sens, le dragon émettait des cris à glacer le sang.

Ne perdant pas son calme, Dryadalis se roula sur le côté, fit quelques culbutes dans les airs, et parvint à s'esquiver de la clairière et du dragon sans brûlures pour reprendre son chemin.

Les petits elfes soupirent collectivement d'admiration devant mes prouesses, au fur et à mesure que je les invente. Hum… je veux dire que je les raconte, bien sûr.

– Après quelques heures de marche sans évènements notables, le jeune aventurier finit par arriver à la bordure de la forêt. Devant lui se dressait une maisonnette isolée, énorme et imposante pour l'elfe. Était-ce l'endroit où Rubius était retenu prisonnier? D'un pas hasardeux, Dryadalis s'aventura vers la demeure. Les hautes herbes lui arrivaient au-dessus de la tête, le protégeant des rayons torrides du soleil.

Dryadalis s'arrêta devant la porte. De chaque côté se tenaient de grotesques imitations des voisins des elfes : des gnomes. Les statuettes, deux fois plus hautes que Dryadalis, étaient vêtues de salopettes bleues et de chapeaux rouges. Leurs cheveux et leurs barbes de neige tombaient en cascade autour de leurs visages, lesquels étaient figés en des sourires diaboliques. Des nains de jardins, comme les appelait l'infâme Grand Peuple. Un frisson d'effroi et de dégoût picota le dos de l'elfe.

Sans crier gare, une puissante force s'écrasa contre Dryadalis, le renversant par terre. Habilement, l'elfe se remit sur pied, tous ses sens en alerte. La bête qui l'avait renversé était à quatre pattes, juste en face de lui. Sa langue pendante frôlait le sol et sa queue s'agitait vivement. L'animal lui lécha la joue. Il allait sûrement le dévorer. Dryadalis se roula sur le côté, esquivant ce qu'il pensait être les crocs féroces de la monstrueuse bête. Prestement, il se faufila dans l'espace de la porte légèrement entrouverte, et la referma violemment derrière lui. S'appuyant contre celle-ci, il reprit son souffle. Des voix venant d'une pièce à sa droite attirèrent son attention. Il décida de s'y faufiler discrètement.

L'elfe fut ébloui par l'éclat d'une couleur qui fusait dans tous les recoins de la pièce : le rose. Absolument tout était rose! Les meubles, en passant par les coussins et les rideaux, et jusqu'au tapis. En son centre, bien en évidence, était installée une petite table sur laquelle était disposé un ensemble de vaisselle complet, dans différents tons de rose. Et de chaque côté de l'ensemble étaient placées quatre chaises sur lesquelles étaient assis d'énormes oursons en peluche — roses, bien entendu — et Rubius! Le pauvre petit était quasiment asphyxié par une robe de poupée bouffante et une perruque à bouclettes qui lui avaient sûrement été enfilées de force, coincé dans sa chaise haute. « Oh, regarde, petit elfe, un de tes camarades est venu te rejoindre! »

Au son de mon imitation de la voix aiguë d'un spécimen du Grand Peuple, le petit insolent laisse échapper un rire moqueur.

— Dernier avertissement! je déclare simplement.

Il se tait aussitôt.

— Prêt à tout, les réflexes du guerrier prirent le dessus et il se mit en position de défense. Avec sa vision d'aigle, il put discerner un autre personnage dans la pièce dont la tenue, intégralement rose, se mêlait à la couleur qui l'entourait. Ses pieds, qui faisaient à eux seuls deux fois la taille de l'elfe, étaient chaussés de ballerines noires. Ses mains, dont les griffes rappelaient celles du dragon, étaient ornées de bijoux roses. Et sa bouche aux dents aussi acérées que des lames était écarquillée dans un large sourire enfantin. Mais le jeune aventurier ne se laissa pas berner. Sous ces minces couches d'innocence se cachait certainement un être diabolique. Gardant les yeux rivés sur ceux de la ravisseuse, il sortit son glaive et lui ordonna, de la voix la plus ferme possible : « Relâchez Rubius! » La petite échappa un rire sucré. « C'est qui, Rubius? Le petit elfe? Il est trop chou! Je l'ai tout simplement invité pour manger un petit goûter. Tu veux te joindre à nous? »

Manger un petit goûter? Dont le plat principal était des elfes, évidemment! Dryadalis était sûr qu'elle était abominable et assoiffée de sang. Il continua de la fixer de son regard d'acier pour lui faire comprendre qu'il ne plaisantait pas.

Le visage de porcelaine de la petite se crispa de préoccupation. « Oh, vous voulez vraiment partir? Eh bien… » Elle fut interrompue par le bruit de lourds pas dans le couloir en dehors de la chambre. Les tasses et la théière roses se mirent à trembler violemment. « Mireille, où es-tu, chérie? » tonna une voix qui donna la chair de poule au jeune elfe. « Dans ma chambre, papa! » répondit-elle.

Papa? Cela voulait dire que c'était un adulte, un géant capable d'écraser Dryadalis et Rubius en un claquement de doigts, qui approchait! Le cœur du jeune héros se mit à battre à tout rompre dans sa poitrine.

Soudain, plusieurs choses se passèrent à la fois. Alors que le géant entrait dans la pièce, l'animal monstrueux que Dryadalis avait eu le malheur de rencontrer dans le jardin se faufila à plat ventre entre les jambes de son maître. Secouant la queue et la langue pendante, la bête se dirigeait tout droit vers l'impotent Rubius, évidemment pour le dévorer.

Prenant son courage à deux mains, notre héros se lança tête première dans les airs et fit une culbute dans le vide avant d'atterrir sur le dos de l'animal. D'une main, il agrippa fermement le long pelage chocolat de la bête, et de l'autre, il attrapa au passage Rubius pour le faire asseoir en toute sécurité derrière lui sur sa monture. Puis, en tirant sur le côté gauche de la fourrure de l'animal, il réussit à faire tourner celui-ci et ils déguerpirent sous les regards ébahis du père et de sa fille.

Leur monture continua sa course folle jusque dans le jardin, où, d'un sifflement, Dryadalis la fit arrêter docilement. Puis, les deux elfes poursuivirent leur route à pied jusqu'au village, où ils furent accueillis à bras ouverts.

Et voilà, mes jeunes elfes, comment moi, le grand Dryadalis, ai vaincu un des pires spécimens du Grand Peuple et son terrible allié, un animal redoutable, pour porter secours à notre bien-aimé chef Rubius Ier, qui était à cette époque un jeune enfant, grâce à mon grand dévouement, mon immense courage et mon infinie sagesse.

Bon, peut-être que là, j'en mettais un peu trop. Mais le résultat obtenu est celui que j'espérais : tous les petits visages sont en admiration complète devant moi, les yeux écarquillés et la bouche grande ouverte. Tous, à part un certain Azur, un petit elfe apparemment moins naïf que les autres qui fronçait les sourcils, vraisemblablement pas très convaincu par mon conte.

– Ô, Grand Dryadalis, finit-il par dire. Je suis confus. Vous venez d'affirmer que vous avez vous-même accompli toutes ces prouesses pour secourir le chef du village, qui est en fait mon propre grand-père.

– C'est exact, j'affirme prudemment, anxieux de savoir où tout ceci allait mener.

– Eh bien, par coïncidence, Pépé vient tout juste de me raconter cette histoire à la dernière lune. Pourtant, dans sa version…

Je toussote exagérément pour l'interrompre. Sur les visages admiratifs des petits elfes, je commence à percevoir des doutes sur ma sagesse et surtout sur ma franchise. Avant qu'ils me prennent tous pour un fraudeur, un menteur… avant que moi, le Grand Dryadalis, le roi des mots, le dieu des contes, me fasse démasquer par un petit je-sais-tout, et ce, pour une toute petite exagération de rien du tout, je rétorque :

— Oui, hum, bon, les enfants… hem, il commence à se faire tard. Allez tous au lit!

L'héritage de Jérôme Simard

Roxanne Masson
École Monseigneur de Laval, Regina

Je tousse.

— Es-tu sûr que c'était une bonne idée?

— Tu ne vas pas le regretter, je te le jure!

— Mais c'est tellement poussiéreux!

— C'est une vieille maison en bois. Qu'est-ce que tu pensais?

— Et il y a des souris!

— Ben, on est ici alors on est bien mieux de suivre le plan!

— Le plancher craque tellement, on dirait qu'il va s'écrouler.

— Suis-moi, je monte en haut. Tu explores la chambre de droite et moi je me charge de celle de gauche, d'accord?

— Ce sera de ta faute si le plancher ne tient pas et que je tombe d'un étage.

À contrecœur, je monte les escaliers qui grincent. Je reste en haut des marches un instant avant de tourner à droite pour entrer dans la chambre. Je vois une feuille de papier un peu déchirée et jaunie derrière la porte entrouverte.

— Elle est ici!

Je pousse la porte et me penche pour ramasser la feuille. Dès que je la prends, elle vibre sous la pression de mes doigts. Je l'approche de mon visage pour pouvoir la lire, et je sens qu'elle émet une chaleur de plus en plus forte. Je n'ai même pas le temps de prendre connaissance de son contenu que ma vision devient floue. Étourdie, je prends la feuille avec mon autre main pour la stabiliser, mais moi aussi, je tremble. Une chaleur insupportable envahit mon corps. Je ne vois plus que du noir, puis j'ai la sensation de tomber. Je tombe. Un long silence se fait entendre. Soudain, je vois les vingt-quatre dernières heures repasser devant mes yeux.

❧ ❧ ❧

Tout avait commencé la veille. Nous étions à la campagne, chez nos grands-parents Rocher pour une semaine, en juillet. Tout le monde riait et s'amusait sauf moi et mon cousin Joël. Nous sommes les plus jeunes et, pour nous, rien d'intéressant ne se passe chez nos grands-parents.

— Maman, je m'en vais explorer la cour avec Joël!

— D'accord. Revenez avant six heures et demie, sinon on soupe sans vous! Allez pas trop loin!

— Oui, maman. Inquiète-toi pas.

Bien sûr, on est allés trop loin. On a vu à l'horizon une maison abandonnée. Les fenêtres du deuxième étage étaient bloquées par de vieilles planches de bois qui pourrissaient, et la porte était défoncée. On s'est regardés et, tout d'un coup, on est partis à courir vers la maison. L'intérieur était sombre. De vieux meubles étaient placés dans le salon et dans la cuisine. Plusieurs chaises étaient renversées et quelques-unes d'entre elles étaient brisées. Sur la table, on pouvait voir une vieille soucoupe de porcelaine et une coupe en verre. La dernière personne à être passée par ici s'attendait définitivement à revenir.

Je suis restée bouche bée devant le décor délabré. Mon cousin, par contre, était déjà parti explorer. Il fouillait dans une vieille bibliothèque, à la recherche de je ne sais trop quoi.

— Marie-Claire! Viens voir!

J'ai marché rapidement vers Joël en faisant attention de ne rien faire tomber. Le plancher, qui craquait sous mon poids, me faisait frissonner. Je l'ai rejoint. Il tenait dans ses mains un vieux *scrapbook* poussiéreux. Il l'ouvrit pour le feuilleter et, à l'intérieur, il y avait des vieilles photos et des dessins d'enfants. À la première page, on put voir un nom, Jérôme Simard, écrit en grosses lettres, et une photo de famille en noir et blanc. À travers les photos du *scrapbook*, on pouvait suivre sa vie. Il y avait des petites phrases pour expliquer les évènements photographiés.

— Wow, Joël! Penses-tu qu'on est dans la maison de ce « Jérôme Simard »?

— Peut-être. En tout cas, moi je garde l'album.

Joël a refermé l'album et l'a pris sous son bras. Il s'est levé et a continué de fouiller pour dénicher d'autres trésors. Moi, j'étais terrifiée par le décor inquiétant. J'avais aussi l'étrange sensation qu'on n'avait pas le droit d'être là. Par contre, mon cousin semblait être à l'aise de partager sa bulle avec des araignées et des souris. J'ai couru le rejoindre. Il était en train de vider des armoires dans la petite cuisine. La vaisselle se frappait et faisait des bruits stridents. Au début, ça me donnait des frissons, comme si on allait réveiller un fantôme, mais je me suis calmée rapidement. Je l'ai aidé à fouiller le reste du rez-de-chaussée. On était sur le point de s'attaquer au deuxième étage quand Joël a regardé sa montre.

— Six heures quarante-cinq. Merde! On est en retard pour le souper!

— Allons-y vite! J'ai faim!

On est partis au pas de course vers la maison de campagne de grand-père Rocher. Moi, les mains vides, et Joël avec l'album de Jérôme Simard.

— Où étiez-vous? Marie-Claire Rocher, on avait dit six heures et demie, pas sept heures dix! Vous avez manqué le souper familial! Vous êtes chanceux qu'on vous en ait laissé.

On a mangé en vitesse, car on ne pensait qu'à l'album. En moins de quinze minutes, on était dehors en train de regarder le *scrapbook*.

Chez nos grands-parents, on a chacun une chambre avec nos familles, mais on aime souvent dormir à la belle étoile. On met nos sacs de couchage quelque part dans l'herbe et on dort dehors. Hier soir, avec le *scrapbook* entre nos sacs de couchage, on a regardé la vie de Jérôme Simard. Une vie simple, mais heureuse. Une vie bien équilibrée.

Durant son enfance, il travaillait à la ferme, mais il avait été très intéressé par les sciences. Il avait fait des recherches en astronomie et, souvent, il faisait allusion à un projet secret, mais sans jamais le nommer. Les photos qui mentionnaient le projet se multipliaient. On tournait les pages plus rapidement. Dans les légendes, on pouvait lire : « Une autre nuit à travailler sur le projet. » « Le projet secret est presque fini. » « Date de présentation du projet définie. » « Dernier soir avant la présentation du projet. »

Et c'est ici que tout est devenu étrange. Joël a tourné la page, impatient de savoir ce qu'était le projet secret, et on s'est aperçu qu'une page avait été arrachée. Le reste des pages de l'album étaient vierges. J'ai lancé un regard surpris à Joël qui a dit :

— C'est quoi, ça?

— Je sais pas. Qui laisse un *scrapbook* à moitié fini?

— Ben non, nounoune! Je veux dire, pourquoi la page a été arrachée?

— Je sais, j'te niaise!

— Moi, je suis sûr que la page est encore dans la maison. On ira la chercher demain!

– Quoi? Dis-moi pas que je vais devoir retourner là-bas. Il y a trop d'araignées, on peut quasiment les entendre!

– Marie-Claire, dors. C'est pas si pire que ça!

Mon sommeil a été léger, rempli de rêves de...

– Marie-Claire! Lève-toi! Il est déjà dix heures!

– Aaahhh! Faut-il vraiment que je me lève?

– Oui! On veut aller trouver la page qui manque dans l'album de Jérôme.

Je me suis levée, un peu bougonne, mais après avoir mangé mon déjeuner, j'étais pleine d'énergie et prête à retourner dans la maison abandonnée. On s'est mis en route en discutant de la vie de Jérôme Simard. Pourquoi la feuille avait-elle été arrachée? Est-ce que c'était un accident? Qu'était-il arrivé lors de la présentation du projet? Bon, j'avoue qu'on laissait courir notre imagination, mais on voulait avoir une petite aventure. On faisait des théories folles et on riait. Arrivés à la vieille maison, c'était moins épeurant, mais l'impression qu'on ne devrait pas être là était toujours présente. L'intérieur était comme on l'avait laissé la veille.

J'ai toussé.

J'ai suivi Joël et nous sommes montés au deuxième étage.

J'ai tourné à droite et lui à gauche.

J'ai ramassé la feuille.

J'ai tombé.

❧ ❧ ❧

J'entends un bruit de machine. Un genre de « bip-bip » qui suit un rythme précis. J'ouvre les yeux et une lumière de néon m'aveugle. Ça sent le nettoyant fort et le désinfectant. Je suis couchée dans un lit. Tout est blanc : les draps, les murs, le plafond.

Des gens parlent tout bas dans un coin de la salle. J'essaie de tourner la tête, mais je suis incapable de bouger mon cou.

— Pensez-vous qu'elle va survivre?

— Il y a de bonnes chances.

— On a vraiment besoin qu'elle se réveille.

— Son cœur s'est presque arrêté lorsqu'elle est arrivée.

— C'est normal, non? Un voyage dans le temps peut faire ça.

— Bien sûr, mais si elle voyage à travers une cellule temporelle, les risques sont moins grands.

Une voix mécanique me fait sursauter.

— Sujet TET15A est réveillé.

Le sang se fige dans mes veines. Où suis-je? Qui parle? Un docteur apparaît dans mon champ de vision. Il examine mes yeux avec un outil que je ne reconnais pas. Un autre homme apparaît. Il porte un bel habit et une cravate. Il semble riche.

— Bonjour, Mademoiselle. Premièrement, j'aimerais vous remercier d'avoir participé, sans le savoir, à la mission Jérôme du programme TET : traversons l'espace-temps. Nous sommes en 2215. Je suis le directeur du programme, Michel J. Simard. Vous nous avez aidés à faire des avancées scientifiques très importantes.

2215? Voyage dans le temps? Michel J. Simard? Simard? Trop de questions!

Voyant ma réaction agitée, le docteur me décoince le cou et me déconnecte de la machine cardiologique. Je m'assois sur le lit et regarde autour de moi. La pièce dans laquelle je me trouve est grande. Tous les meubles sont blancs. Derrière mon lit, il y a une fenêtre. On est dans le plus haut gratte-ciel que j'ai jamais vu, juste en dessous des nuages.

— Alors, continue Michel J. Simard, nous savons que vous venez du passé puisque vous êtes ici, car vous avez touché au premier objet temporel, soit la dernière page du journal de mon ancêtre. Jérôme a toujours essayé de voyager dans le temps. Sa dernière théorie a été passée dans ma famille depuis sa disparition.

– Disparition?

– Le soir avant la présentation de sa théorie, Jérôme s'est volatilisé. Il a réussi à voyager dans le temps. Mais pour une raison inconnue, il n'a pas voulu revenir dans son époque. Son fils a retrouvé ses notes et les a continuées. Leurs découvertes ont été transmises de génération en génération dans ma famille.

– C'était donc ça, son projet.

– Oui. Nous avons continué son travail pendant son absence. Avec l'aide de la technologie moderne, c'est plus facile. Il y a quelques années, il est passé par ici, puis il est reparti avec l'une de nos cellules. Il nous a dit qu'il avait fait le voyage avec la feuille, mais qu'il l'avait échappée durant le voyage et l'avait perdue dans le temps. Grâce à vous, nous avons pu remettre la main sur un des premiers moyens de transportation temporelle.

– Alors je ne peux pas garder la feuille?

– Je ne peux pas vous la donner. Elle fait faire des bonds de deux cents ans à ceux qui la touchent. Elle est très dangereuse.

Même si je connais maintenant l'histoire au complet, je ne suis pas satisfaite. Pourquoi Jérôme voulait-il tant voir le futur? A-t-il trouvé ce qu'il cherchait? J'espère que oui.

M. Simard me fait signe de le suivre.

– Nous aimerions vous renvoyer à votre époque, Mademoiselle...?

– Marie-Claire. Marie-Claire Rocher.

– Mademoiselle Rocher. Nous avons juste besoin que vous nous spécifiiez le jour précis. Malheureusement, notre machine n'est pas parfaite et parfois elle se trompe dans les heures.

Nous entrons dans une petite salle carrée. Tout à l'intérieur est blanc. Au fond, il y a une cellule en vitre et de l'autre côté, des ordinateurs hologrammes. Le directeur me guide vers la machine et j'inscris l'information demandée pour ma destination, quoique j'ai eu un peu de difficulté à utiliser cette technologie. Il me fait signe d'entrer dans la cellule. Je regarde autour de moi une dernière fois avant que le directeur appuie sur le bouton d'envoi de l'ordinateur.

Je ferme les yeux.

Je sens l'air autour de moi se réchauffer.

Je tombe.

෴ ෴ ෴

— Marie-Claire! Où es-tu?

— J'suis ici!

Joël tourne le coin et entre dans la chambre en courant. Il reprend son souffle, puis m'adresse la parole.

— J'ai fait le tour de la maison trois fois après avoir entendu ton appel. T'étais où?

— J'ai pas bougé. Ben, pas beaucoup.

Je ris.

— Est-ce qu'on va finalement pouvoir savoir la fin de l'histoire de Jérôme?

— Peut-être.

— Voyons Marie-Claire! T'as la feuille, non?

— Pas vraiment.

— Mais alors qu'est ce que t'as trouvé?

— J'te le dirai plus tard!

Avant qu'il puisse répondre, je quitte la chambre et m'apprête à descendre les marches.

— Viens-tu? Cette maison me donne la chair de poule. Et j'ai pas mal faim!

Une entente inattendue

Andréanne Lavoie
École canadienne-française, Saskatoon

L'immense dragon doré enflamma les trésors qu'il venait d'acquérir, les transformant en or pur. Réjoui de ses nouvelles richesses, le dragon s'enroula sur sa montagne d'or et s'endormit profondément pour plusieurs décennies.

– En garde!

Le dragon se réveilla en sursaut et trouva un chevalier tremblant, vêtu d'une armure rouillée, pointant son épée vers lui. Le dragon gronda.

– Que veux-tu?

– Je suis venu pour vous combattre et pour m'emparer de vos trésors!

– Vous savez, brave et ridicule chevalier, qu'en à peine cinq secondes, je pourrais vous griller dans votre cuirasse!

– Eh bien, pourquoi ne l'avez-vous pas déjà fait?

– Je suis encore endormi.

– Ça tombe bien pour moi!

– Oui, en effet, car comme je suis encore somnolent, je vais épargner votre vie.

– Mais alors, je pourrais prendre une partie de vos trésors et vous me laisseriez partir?

Le dragon gronda, fâché, et le chevalier dut faire un énorme bond, car une flamme lécha sa cotte de mailles qui se dora magiquement.

– Vous l'avez échappé belle, chevalier! Vous auriez pu devenir une statue en or! Je vous fais cadeau de votre vie à condition d'accepter mon marché. Si vous me ramenez une princesse, je ne vous dévorerai pas.

– Je le ferai seulement si vous me donnez en échange une partie de votre trésor.

Le dragon bâilla, puis répondit :

– Marché conclu.

Quelques jours auparavant

Le chevalier entra cérémonieusement dans la salle où trônait un vieux roi chauve et barbu, découragé.

– Perceval! Que le ciel nous tombe sur la tête, nous sommes ruinés!

– Mon Roi, mais qu'est-ce qu'il y a? Un oracle a-t-il prédit votre mort?

– Non. Pire! Nos coffres sont vides!

– Mon Seigneur, cela ne se peut! Il doit bien y rester un sou!

– Vous savez que le dragon a volé la plupart de nos richesses lorsque mon grand-père était sur le trône.

– Oui, mais pas TOUT! Votre grand-père, le roi, n'avait-il pas réussi à cacher deux gros coffres dans ses immenses pantalons?

– Je vous le dis, Perceval, nous n'avons plus rien! Nous sommes foutus!

– Mais... mais c'est une catastrophe!

– Oui. Nous avons déjà réduit l'ordre des chevaliers au rôle de serviteurs. Et nous allons devoir réduire tous les serviteurs à l'esclavage si nous ne pouvons plus les payer. Je vous ai appelé,

Perceval, le plus brave de tous mes chevaliers, pour vous confier l'immense tâche de remplir nos coffres.

– Ô, grand Roi, je ne suis pas digne de cette tâche. Pourquoi ne demandez-vous pas au royaume Voisin de vous donner de l'or?

– Ah! Excellente idée, Perceval! Mais nous ne sommes pas des alliés. Il n'accepterait jamais.

– Mon Seigneur, pourquoi ne devenez-vous pas son allié?

– Ce n'est pas aussi simple, Perceval! Je ne peux pas agiter une baguette magique pour que tout devienne parfait!

– C'est bien dommage.

– Oui! Je pourrais d'un seul coup vous donner un peu plus d'intelligence!

– Mon Roi, un peu de respect! Je suis votre plus brave chevalier.

– Vous êtes mon seul chevalier, Perceval.

– Oui, bon.

– Eh bien, je vous écoute, ô, valeureux chevalier!

– Merci. Je… je me demandais ce qu'il y a de si compliqué à former une alliance?

– La plupart des alliances sont créées par mariage.

– Je ne vois pas ce qui est complexe. Vous n'avez pas de femme, mais le roi Voisin n'a-t-il pas une fille? Si c'est tout ce qu'il faut, pourquoi ne pas joindre vos deux royaumes?

– Mon Dieu, Perceval, vous êtes un véritable génie!

Un peu plus tard, le roi confia un message au chevalier.

– Perceval, galopez comme le vent! J'ai confiance que vous reviendrez ici avec honneur, portant la réponse qui va nous sauver.

Le chevalier galopa sans arrêt toute la journée jusqu'à ce qu'il atteigne le château Voisin, où il fut vite conduit devant le gros roi et sa jolie fille aux cheveux blonds.

– Chevalier du royaume Avoisinant, que me vaut l'honneur de votre visite?

– Mon Seigneur, le Roi Voisin, j'ai pour vous une missive de la plus haute importance.

Perceval déroula un long parchemin.

– Eh hum! Cher Roi Voisin, nous vous écrivons durant ces temps durs pour vous proposer de former une alliance où nous vous demandons la main de votre fille. Ce mariage serait bénéfique pour nos deux royaumes, les rendant chacun plus fort. De plus, comme nous avons chacun plusieurs produits uniques, nous pourrions créer un pacte commercial. Vous avez des vergers de pommes de grenade, et nous cultivons du maïs bleu, rare. Je souhaite que, dans votre infinie sagesse, cher Roi Voisin, vous acceptiez mon offre. Et c'est signé : Le Roi Avoisinant.

Le roi s'apprêta à répondre lorsque sa fille s'écria :

– Père! Je refuse de marier un Avoisinant qui vit dans un minable petit château!

– Élaine, chérie, donne-moi la chance d'y réfléchir.

– Y réfléchir!? Mon Dieu, père, ça veut dire que tu l'as considéré! Je ne peux surtout pas vivre dans un royaume où l'on mange du maïs bleu!

– Élaine, ma bien-aimée, tu sais que jamais je ne te ferais manger du maïs bleu.

– Je le sais, père, mais me forcerais-tu à vivre avec des gens qui, eux, en mangent?

– Je…

– À dormir dans un lit où les draps en soie ne sont pas décorés d'or?

– Mais…

– Où les verres en cristal ne sont pas incrustés de rubis?

– Attends…

– Et où les assiettes ne sont qu'en argent?

– Él…

– Non, non et non! Je suis une princesse qui a besoin d'un certain niveau de vie pour survivre!

– Ma chérie, calme-toi! Papa ne te fera pas souffrir de la sorte.

– Alors, papa, ne m'envoie pas vivre avec… avec ce barbare!

– Oui… Euh… Bon.

– Père, vous m'avez promis que j'aurais un mot à dire au sujet de mon mariage!

– Mais oui, ma Princesse adorée! Ne t'inquiète pas. Je tiendrai ma promesse. Bon, alors, chevalier, je refuse l'offre de votre roi. Je vous prie de retourner chez vous, car vous n'êtes plus le bienvenu ici.

– Mais, Votre Altesse, je ne peux pas retourner devant mon roi avec une telle réponse! Je serais couvert de honte!

– Alors, chevalier Avoisinant, allez de l'autre côté, du côté de l'antre du dragon. Mais s'il vous plaît, ne restez pas ici!

– Attendez! L'antre du dragon. Celui qui a ravagé mon pays?

– Évidemment! Cependant, n'imaginez pas pouvoir tuer ce dragon. J'ai perdu la moitié de mes chevaliers à cause de lui. Et tous étaient plus valeureux que vous. Maintenant, partez avant que je ne vous jette au cachot!

Le chevalier enfourcha son cheval une deuxième fois. Il ignora le conseil du roi Voisin et galopa en direction de l'antre du dragon.

Retour au présent

Perceval quitta la grotte du dragon, satisfait du marché qu'il avait conclu. Il galopa vers le royaume Voisin avec la princesse parfaite en tête. Il arriva au château le soir même et escalada péniblement la tour où dormait la princesse. Il s'infiltra par la fenêtre et s'avança sur la pointe des pieds jusqu'à son lit. Il couvrit brusquement d'un linge la bouche de la princesse pour étouffer ses cris. Réveillée, elle se débattit violemment. Le chevalier réussit, de peine et de misère, à kidnapper la princesse sans réveiller tout le château. Il la ligota, la bâillonna et s'enfuit avec elle sur son cheval.

Après quelques galops, le bâillon se desserra et la princesse cria :

— Sale homme! Laissez-moi aller! Vous ne pouvez point m'enlever pour me marier de force à votre stupide roi!

— Ce n'est point ce que je fais.

— Alors, détachez-moi!

— Non.

— N'avez-vous point de respect pour une princesse de mon statut?

— De votre statut? Quel statut? Vous êtes une princesse gâtée pourrie!

— Vous ne pouvez point m'insulter!

— Non? Vous êtes égoïste, indifférente, insensible et arrogante!

— Je suis une princesse! Urg! Je vous ordonne d'arrêter, de me détacher et de me ramener au château!

— Oh, bien sûr, Princesse! Je suis à vos ordres.

— Vous osez rire de moi?!

— Non, non! J'ai bien trop peur de vous, ligotée comme ça!

— Laissez-moi aller! Je suis la fille du roi Voisin! Vous ne pouvez pas faire ça!

— C'est curieux. Il me semble que je l'ai fait!

— Je... Urg! Mon père va me venger! Il vous pendra et là,

vous verrez qui rira!

Le chevalier ne répondit pas, mais arrêta subitement son cheval et sauta par terre.

— Finalement! Vite, détachez-moi!

— Pff! Vous croyiez que j'allais vous détacher? Mais voyons, Votre Majesté.

Il resserra le bâillon de la princesse et repartit au galop en se disant : « Ah! Qu'il est beau le silence! »

Quelques heures plus tard, le chevalier s'arrêta, cette fois-ci pour dormir, car le cheval, fatigué, ne pouvait plus les porter. Perceval aida la princesse, toujours ligotée, à descendre. Il lui enleva son bâillon pour qu'elle puisse manger.

— Allez, assoyez-vous, Princesse! Prenez ce pain.

— Vous êtes fou!? Je ne peux point m'asseoir sur le sol! Ma chaise doit toujours être décorée de joyaux et avoir un coussin en soie!

— Faites à votre guise, Princesse. Mais je vous signale qu'il n'y a rien dans les alentours qui soit digne de votre royal derrière! Au moins, prenez du pain.

— Avez-vous une assiette en or?

— Non.

— Ne me dites pas qu'elle est en argent!

— Non.

— En bois?

— Non. Je n'ai aucune assiette. Il suffit de manger avec ses mains!

— Avec ses... ses... Je ne mangerai surtout pas avec mes mains! Vous êtes un sale barbare!

— Faites ce qu'il vous plaît, Princesse, mais je ne sais pas comment vous allez dormir, debout, l'estomac vide.

Le lendemain matin, le chevalier se réveilla et trouva la

princesse endormie par terre.

– Allez, réveillez-vous, Princesse!

Celle-ci sursauta, se leva en vitesse et s'écria :

– Non! Non, non, non, non! J'ai dormi par terre! C'est votre faute! Regardez ma robe! Elle est toute sale! SALE!!! Ma belle robe. C'est… la fin… du… monde! Snif, snif. NOUS ALLONS TOUS MOURIR!

– Allez, montez sur le cheval, Princesse, ou je vous attache à nouveau. Et s'il vous plaît, arrêtez de pleurer. Ce n'est qu'une robe!

– Qu'une robe! NON, ce n'est pas qu'une robe! C'est…

Le reste se perdit, car Perceval, énervé, lui remit brusquement son bâillon.

෴ ෴ ෴

Quelques heures plus tard, ils arrivèrent à l'antre du dragon et la princesse réussit à desserrer son bâillon.

– Qu'est-ce qu'on fait ici? C'est une caverne! Ne me dites pas que vous vivez ici, comme des sauvages!

Le chevalier ignora sa prisonnière et la traîna jusqu'à l'entrée. Il cria :

– Dragon! Montrez-vous! J'ai avec moi la princesse!

La tête du dragon émergea de la grotte et il murmura :

– Ah oui, la princesse. Bien, chevalier, très bien.

– Vous m'avez amenée chez… le… dragon!?

Et sur ce, elle s'écroula par terre, évanouie.

– Dragon, je réclame l'or que vous m'avez promis!

– Je vous ai épargné de mon souffle meurtrier, n'est-ce pas suffisant?

– Sale bête! Nous avions conclu un marché!

– Vous auriez dû vous méfier!

Le chevalier dégaina son épée, souleva la princesse inconsciente par les cheveux, et porta son épée à son cou.

– Dragon, si vous ne me donnez pas mes biens, je lui tranche la gorge!

Le dragon gronda et quelques flammes sortirent de sa gorge. Il s'engouffra dans son antre et revint avec un coffre rempli d'or qu'il lança à Perceval. Avant que le dragon change d'idée, le chevalier empoigna son trésor et s'enfuit, laissant la princesse évanouie sur le sol. Il galopait au loin lorsque celle-ci se réveilla et s'écria :

– Non! Chevalier! Ne me laissez pas ici! Je ne peux pas vivre ici dans cette saleté! Je vous ordonne… de… NOOON!!!

ॐ ॐ ॐ

Perceval arriva chez lui maints jours plus tard. Le roi l'accueillit immédiatement, réjoui du coffre d'or qu'il rapportait.

– Vous avez réussi, Perceval! Vous avez recueilli une dote! Nous sommes sauvés! Pour quand le mariage est-il prévu?

– Euh… Mon Roi, il n'y aura point de mariage. Nous ne sommes pas des alliés du royaume Voisin. Voyez-vous, ils n'ont pas accepté votre offre.

– Pardon?

– Le royaume Voisin a refusé votre proposition.

– Non! Mais… je ne comprends point! D'où vient ce coffre?

– J'ai conclu un marché avec le dragon.

– Vous avez fait quoi!?

– Un marché, avec le dragon. J'ai capturé la princesse et je l'ai échangée contre ce coffre d'or.

Le roi, virant au rouge tellement la colère bouillait en lui, ne put lui répondre. Croyant qu'il allait être malade, Perceval demanda, inquiet :

— Votre Majesté?

— Mon Dieu... mon Dieu, mon Dieu! Vous me couvrez de honte, Perceval!

— Laissez-moi vous expliquer, Votre Altesse. La princesse, Seigneur, elle est gâtée... égoïste, indifférente, insensible et arrogante! Elle mérite de vivre avec le dragon.

— Ce ne sont pas des raisons valables, Perceval. Elle est une princesse! Qu'arriverait-il si le roi Voisin apprenait ce que vous avez fait à sa fille? Ce serait la guerre! Et nous n'avons pas les moyens de faire la guerre!

— Je le sais, cependant, elle vous a insulté! Elle a dit que vous étiez un barbare!

— Elle m'a... Non!

— Je vous le dis. Vous ne la voudriez pas comme femme. De plus, vous n'avez pas assez d'or pour la satisfaire.

— Je m'en fous, Perceval! Vous avez envoyé ma presque future femme chez le dragon! Le même dragon qui nous a volé notre fortune et avec qui vous avez conclu un marché!

Le chevalier ne répondit pas, honteux. Le silence donna la chance au roi de se calmer.

— Je ne sais que faire de vous, Perceval. Je pourrais vous féliciter d'avoir rapporté ce coffre d'or ou je pourrais vous jeter au cachot.

Boom! Les portes s'ouvrirent avec fracas.

— Mon Roi! Mon Roi! Mon Roi! Le roi Voisin et son armée se tiennent devant les portes!

Le roi se leva en panique et s'écria :

— Alors qu'attendez-vous pour avertir notre armée de chevaliers?

Le messager lui jeta un regard perplexe et dit :

— Votre Majesté, nous n'avons plus d'armée.

— Que le ciel nous tombe sur la tête! Perceval! Tu vois dans quel pétrin tu nous as mis!

— Mon Seigneur… je… j'avoue avoir fait une erreur, mais… ce n'est pas ma faute si l'on n'a plus d'armée!

— Gardes! Saisissez-le et jetez-le au cachot!

Le messager clarifia de nouveau.

— Votre Majesté, je me dois de vous rappeler que nous n'avons plus de gardes.

Perceval, saisissant sa chance, ajouta :

— Je suis votre seul chevalier! Vous avez besoin de moi. Cela ne sert à rien de m'emprisonner.

Inconfortable, le messager s'approcha de la fenêtre.

— Vous avez raison, Perceval, dit le roi. Nous allons tous mourir de toute façon.

Le messager, visage collé à la fenêtre, s'exclama :

— Votre Excellence, je crois voir un drapeau blanc.

— Un drapeau blanc? s'exclama le roi.

— Oui, un drapeau blanc. Je le vois de nouveau!

Le chevalier et le roi se précipitèrent à la fenêtre.

— Mais que veut dire ce drapeau blanc? demanda Perceval.

— Je ne sais point. Croyez-vous qu'ils veulent discuter? ajouta le roi, perplexe.

— Qu'allez-vous faire, Votre Altesse? demanda le messager, troublé.

— Laissons-les entrer. Nous n'avons rien à perdre.

Perceval ajouta sarcastiquement :

— Oui, car au pire, s'ils nous massacrent, ils nous éviteront de voir tomber notre royaume.

Le roi Voisin et sa cour entrèrent dans la salle du trône. Le roi

Avoisinant déclara :

– Bienvenue, alliés Voisins! S'il vous plaît, faites comme chez vous. Je dois dire que je ne m'attendais pas à un mariage de sitôt.

Le roi Voisin, incrédule, jeta un regard sombre au chevalier.

– Nous venons en paix au royaume Avoisinant, mais point pour un mariage. Je croyais avoir été clair lorsque j'ai refusé l'alliance.

– Euh… oui, Perceval me l'a bien dit. Cependant, j'osais toujours espérer que vous changeriez d'idée.

– Mais non! J'ai appris que ma chère princesse a été capturée par le dragon!

– Ah non! Que le ciel nous tombe tous sur la tête, c'est une catastrophe!

– Oui. Nous venons ici pour vous demander de l'aide.

– Ah bon.

– S'il vous plaît, nous sommes désespérés. Je… depuis la mort de ma femme, il ne me reste qu'Élaine. Je ne voudrais point la perdre, elle aussi.

– Roi Voisin, il y a à peine une semaine, vous avez refusé notre offre. Pourquoi devrions-nous vous aider?

– Si vous me prêtez tous vos chevaliers, je vous donnerai la moitié du trésor du dragon. Formons une alliance militaire et allons combattre ce dragon!

– Vous croyez que nous avons une armée? Mon royaume est tellement pauvre et misérable que mes chevaliers ne sont point payés. Il ne me reste qu'un seul et unique chevalier, que voici! Même si je voulais vous aider, Roi Voisin, je ne le pourrais point.

– Mais, sans votre armée, je n'ai plus aucun espoir de sauver ma fille!

– Nous ne vous devons absolument rien! Je m'en fiche de ce

qui arrive à votre fille, car elle ne sera jamais ma femme. Allez, partez! Je ne veux plus vous voir!

Après le départ des Voisins, le chevalier et le roi Avoisinant purent finalement se détendre.

– On l'a échappé belle, Perceval! Dire que vous avez presque causé une guerre.

– Oui, nous avons eu de la chance. Mais, s'il vous plaît, ne me jetez pas au cachot!

– Ne vous inquiétez pas, Perceval. Je suis tellement soulagé que je vous pardonne. Si vous n'étiez pas mon seul chevalier, je vous récompenserais en vous faisant mon conseiller officiel.

– Oh, c'est un honneur, mon Roi, de devenir presque votre conseiller!

ॐ ॐ ॐ

De retour chez lui, le roi Voisin rassembla ses trésors royaux. Il galopa ensuite en vitesse, avec sa petite armée de chevaliers, traînant derrière eux ses trésors sur un chariot, espérant ne pas arriver trop tard pour sauver sa chère fille.

Finalement arrivé à l'antre du dragon, il déversa l'énorme somme devant l'entrée de la grotte. Le dragon sortit et ajouta la rançon du roi à sa montagne de trésors, crachant son feu magique pour qu'ils se métamorphosent.

– Dragon, je vous ai payé! À vous de me donner ma fille.

– Mais bien sûr, murmura le dragon avec une légère teinte d'humour.

– Père?!

La princesse sortit lentement de la grotte, propre et vêtue d'une fabuleuse robe.

– Élaine!

– Que fais-tu ici?

– Je viens te délivrer, ma chérie! Viens vite et partons!

La princesse ne bougea pas.

– Mais qu'attends-tu, ma Princesse adorée? Saute sur un cheval et retournons au palais!

– Non.

– Non? Ma belle, mais qu'est-ce qu'il y a?

– Je ne retourne pas au palais.

– Élaine! Que racontes-tu?

– Père, ici je dors sur une montagne d'or. Une montagne d'or! Mes rêves sont des plus merveilleux!

– Élaine! Je viens de vider les coffres de notre royaume pour te sauver et tu refuses de revenir chez nous?

– Vous avez vidé les coffres? Oh, merci, père! Je vais encore mieux dormir ce soir!

– Élaine, Princesse du royaume Voisin, ceci est inacceptable! Tu vas monter immédiatement sur ce cheval!

– Mais père, je ne veux point retourner au palais si les coffres sont vides.

– Ma chérie! Qu'est-ce qui te prend? Le dragon t'aurait-il ensorcelée? Viens! Il faut rentrer au palais. Le guérisseur doit te voir au plus vite.

– Père, je ne veux pas. J'ai fait une entente avec le dragon. Il a promis que je pourrais dormir sur son trésor pour l'éternité et il pourra m'admirer pour toujours. Adieu, cher père.

Puis, elle se retourna et s'engouffra dans la caverne, laissant son pauvre père bouche bée.

Quelques semaines plus tard

Le dragon ouvrit lentement un œil et bâilla. Il avait fait une longue sieste et était bien reposé. Il se leva pour s'étirer et son regard se posa sur son plus récent trésor. Il prit le temps de l'admirer. Cette nouvelle richesse était décidément la plus merveilleuse et la plus précieuse de toutes : une magnifique statue en or.

Une cicatrice comme souvenir

Gabrielle Dufresne, en collaboration avec Danielle Fontaine
École Monseigneur de Laval, Regina

Bonjour tout le monde. Hum, je m'appelle Sacha Touille. Oui, euh, Sacha Touille, c'est ce que j'ai dit. Ha, ha, ha! Ouais, riez, riez. J'ai déjà entendu toutes les blagues. EN TOUT CAS! J'imagine que vous avez tous et toutes des cicatrices, n'est-ce pas? Moi j'en ai quelques-unes aussi. J'en ai une sur mon pied droit... Ben, j'vais pas enlever mon soulier, là, mais je l'ai eue quand j'avais cinq ans à cause du pitbull de mon ancien voisin. Et celle sur mon coude, ici, date de quand j'suis tombé de ma bicyclette quand j'étais encore jeune et sans coordination. Mais celle qui a l'histoire la plus intéressante est celle-ci. Regardez. Ici, le long de mon doigt, voilà ma cicatrice.

Je l'ai eue il y a... à peu près un an. Ouais, un an dans une semaine pour être exact. Alors, j'étais dans mon cours d'arts plastiques, qui est toujours la troisième période de la journée. Ce cours-là, c'est mon cours préféré parce qu'on fait toujours ce qu'on veut avec la prof, Mme Marguerite. OK, je vous dis tout de suite que Marguerite est comme super hippie, pis elle dit toujours des choses comme : « Paix et amour » et « Libérez votre énergie positive. » Alors bref, elle est pas mal slack comme prof. Ce cours-là, madame nous a proposé de sculpter des citrouilles pour l'Halloween, et il y aurait un prix pour la plus belle : deux billets pour un super concert de Poets in Vain! J'veux pas me vanter, mais je suis un très bon sculpteur de citrouilles. Je sais d'avance que je vais gagner.

Toujours est-il que j'suis en train de tailler l'œil droit du vampire près de la maison hantée qui sort de derrière une pierre tombale couverte de mousse quand tout à coup, mon ami Al, éternel maladroit, se lève pour aller jeter les graines de sa citrouille. Malheureusement, en passant derrière moi, Al s'enfarge dans ses propres pieds, trébuche — ce qui semble lui arriver beaucoup trop souvent —, et en tombant, il me frappe dans le dos, ce qui fait une sorte de terrible réaction de dominos, et je finis par me trancher le majeur avec mon couteau.

Quand Al se relève, une expression de surprise s'affiche sur son visage. Quant à moi, j'me mets à sacrer comme un malade, le doigt levé en l'air et le sang qui dégouline sur mon bras. C'est vraiment pas beau à voir. Ça pisse le sang, c'est pas croyable! J'suis sûr que j'me suis coupé une grosse veine parce que le sang, il coule partout.

Mme Marguerite accourt en me demandant de sa voix mélodieuse : « Qu'est-ce qui se passe? » Et là, dans ma frustration, douleur et état de choc, j'me retourne pour lui faire face, j'lui colle le doigt droit devant elle et j'me mets à gueuler encore plus fort. « Non, mais ça se voit pas ce qu'il se passe, hein? Franchement! » Pis là, à la grande surprise de toute la classe, madame se met à crier plus fort que moi. Chose incroyable pour une femme qui est si pacifiste. Je pense pas qu'elle peut supporter de voir du sang, donc elle me jette en dehors de la salle de classe et me dit de baisser mon maudit doigt et d'aller chez l'infirmière avant d'aller voir la directrice pour le rapport d'accident.

Uh oh! Se trancher le doigt, c'est pas si grave que ça. Se faire jeter hors de la classe, ce n'est rien de nouveau… Mais de là à se faire dire par Mme Marguerite d'aller voir « l'infirmière ». Whoa! J'ai vraiment dû la fâcher parce qu'aucun prof n'a jamais eu le cœur d'envoyer un élève voir l'infirmière avant d'avoir fait tout son possible pour aider le jeune en premier. Ce qui n'est pas vraiment ce que Marguerite a fait.

Bon. Là, mon gilet est taché de sang, j'ai le majeur qui fait horriblement mal et j'ai eu l'ordre d'aller me faire torturer par l'infirmière. Maintenant, qu'est-ce que je fais? Certainement pas aller voir la sorcière, autrement dit l'infirmière, mais il faut que j'arrête le sang de couler. Alors je décide d'aller dans la salle de bain pour désinfecter ma blessure avec de l'eau et l'enrouler dans du papier de toilette. Aussi simple que ça! Et comme ça, je vais avoir le temps de retourner en classe pour finir ma citrouille. Sinon, je pourrai jamais aller voir Poets in Vain en concert.

Dès que je mets ma main droite sur la poignée de porte de la salle de bain, j'entends une voix à vous glacer le sang : « Monsieur Touille, votre doigt saigne! Venez, je vais vous aider. » Là, la panique me prend. De la sueur froide coule sur mon front. Je suis à un poil de crier « À L'AIDE! » lorsque la Gorgone me prend par le bras et me tire vers elle dans l'antre de sa cave.

Juste pour vous dire, PERSONNE veut aller voir Mme Grilles. C'est pas pour rien que tout le monde la surnomme la sorcière. La meilleure amie de la sœur du copain d'Al dit qu'elle a déjà vu un bocal rempli d'ongles d'humains dans un de ses terribles tiroirs, du poison à rat qu'elle gardait dangereusement proche de ses médicaments et une collection de vieux pansements. J'ai des frissons rien qu'à y penser. Alors vous pouvez vous imaginer à quel point j'avais peur. En plus, elle n'est pas vraiment belle à voir.

Ugh, je peux sentir son haleine. On dit que ça pue comme du fromage et des œufs pourris. Mais moi, je peux vous dire que c'est encore pire! Mme Grilles se penche vers moi, ses multiples mentons aussi. De sa grosse main pustuleuse, elle me prend la main gauche et observe ma blessure avec ses yeux croches. « Uh huh uh huh. C'est une grosse coupure que vous avez là, Monsieur Touille. Il va falloir prendre les grands moyens. » Gulp! Les « grands moyens »? C'est quoi ça, les « grands moyens »?! J'ai pas besoin de ça, moi! Laisse-moi aller, là, pis j'va m'arranger rien qu'avec du papier de toilette. Les seuls moyens dont j'ai besoin sont les miens! Pas les grands! *Surtout* pas les grands!

Mme Grilles fouille dans une de ses armoires. Pendant qu'elle a le dos tourné, j'en profite pour regarder à l'entour. Pas de fenêtre. Une seule porte. La salle est tellement petite! Une chance que j'suis pas claustrophobe. Tout est blanc. J'me sens comme dans un asile. Puis là, la sorcière se retourne. J'veux tellement m'enfuir, mais je sais pas si elle me regarde moi ou si elle garde un œil sur la porte. C'est difficile à dire quand un œil regarde dans chaque direction.

Elle tient dans ses mains une grosse bouteille de peroxyde. Grosse comme un deux litres de Pepsi, j'vous niaise pas! C'est tout un supplice. Après avoir désinfecté la plaie, Mme Grilles me colle un super gros pansement au doigt. Il va y en avoir des poils d'arrachés tantôt! Là, elle sort une seringue d'une grosseur incroyable. Merde! Qu'est-ce qu'elle va faire avec ça? C'est pas encore fini? Et moi qui pensais qu'elle allait avoir la gentillesse de me laisser partir après le peroxyde. J'ai eu ma réponse lorsqu'elle m'a dit : « Tu as besoin d'une piqûre contre le tétanos. Allonge-toi sur le ventre. » Pourquoi, vous vous demandez? Eh bien moi, j'ai vite compris. JAMAIS je la laisserai s'approcher de mes fesses! Au grand jamais! Mais qu'est-ce qui pèse plus lourd qu'un hippopotame? Ouais, Mme Grilles. Reste à dire que j'ai pas vraiment eu la force de me débattre contre cette énorme masse de graisse. Maintenant, je ne sais pas si vous avez déjà reçu une piqûre dans les fesses, mais je vous le dis tout de suite, ça fait horriblement mal! Surtout quand c'est une seringue longue comme ÇA! Et que c'est une Gorgone qui vous l'enfonce dans la chair comme si elle tapait avec un marteau! Et est-ce que j'vous ai dit qu'elle a manqué son coup trois fois avant de réussir à introduire j'sais pas trop quoi dans ma chair? Et puis là, arrive la cerise sur le sundae : Mme Grilles revient, sa main remplie de grosses pilules vertes très appétissantes. Ha, ha, ha! Non, vraiment pas. « Voici des analgésiques pour ne plus avoir de gros bobo. » Wow! Je pense vraiment qu'elle en a beaucoup trop de ces pilules-là. N'est-ce pas qu'il faut, genre, en prendre deux au max? Sachant que j'avalerai jamais ces pilules volontairement, elle me saisit la mâchoire, m'ouvre la bouche de force, puis enfonce les pilules dans ma gorge. Gulp! Puis, par gentillesse, elle va me chercher un verre d'eau presque de la même couleur que les pilules et me force à le boire.

Après une minute, les effets de ses pilules me frappent. Je peux plus vraiment me concentrer. Ma tête tourne, ma vision est floue, je suis plus capable de bien me tenir sur mes pieds. J'entends Mme Grilles me dire quelque chose comme : « Bien… Va aider. Rapport d'accident... Directrice. » La directrice? Oh non! Il faut que je retourne en classe terminer ma citrouille si j'veux ces billets! Je regarde autour de moi pour repérer la porte. Ouache! J'avais pas remarqué qu'le plancher grouille d'insectes, pis qu'les tuiles ont l'air d'être tachées de vomi pis de je sais pas trop quoi. Les murs sont p'us blancs, mais plutôt jaunes et tachés de moisissures! Même les affiches pis les chartes qui parlent de santé me font lever le cœur. Dès que Mme Grilles me lâche, je sors de c'te maudit trou pis j'me dirige vers la salle d'arts. Malheureusement, je perds le contrôle de mes jambes et je tombe devant nulle autre que ma directrice. J'essaie de lui parler, mais j'arrive pas à ouvrir la bouche. Mme Larmor me regarde droit dans les yeux qui, apparemment, sont rouges. Pis là, elle me prend par l'oreille et me soulève. « Monsieur Touille, êtes-vous intoxiqué? » J'ai même pas eu l'temps de lui répondre qu'elle m'accroche par le col de mon gilet et me tire vers le secrétariat.

J'entre dans le bureau de Mme Larmor en titubant maladroitement, mais je réussis quand même à m'asseoir sur la chaise devant son bureau. Sauf que j'essaie de rester assis sur la fesse droite parce que l'autre est bien trop sensible. J'plisse les yeux parce que la lumière est vraiment trop forte. Plus que d'habitude en tout cas. Non, hum, j'hallucine. Les pilules de Mme Grilles doivent être vraiment passées date.

Mme Larmor est au courant de ce qui m'est arrivé dans le cours d'arts, et elle est pas trop fière de moi non plus. Après un bout de temps, elle me regarde droit dans les yeux. Je sais pas si elle essaye de m'hypnotiser ou quelque chose du genre, mais ça fonctionne pas trop puisque J'SUIS PAS COUPABLE. C'est plutôt moi la victime dans toute cette histoire-là, mais Larmor me croirait pas si j'lui disais. Elle se met à me poser plein de questions. J'aimerais lui répondre, mais j'comprends pas la moitié de c'qu'elle dit. Elle parle beaucoup trop vite, et mes pensées me viennent en tête à deux milles à l'heure. Après ce qui semble être une éternité, Mme Larmor me tend une feuille de papier que je crois être le fameux rapport d'accident, mais j'arrive pas à lire ce qu'il y a dessus. Les lettres n'arrêtent pas de bouger. Je mets mes mains sur la feuille pour qu'elles s'immobilisent, mais ça fonctionne pas! Pis là, mes yeux commencent vraiment à me faire mal, et des larmes coulent. INVOLONTAIREMENT, merci. Puis, à comme chaque vingt secondes, ma tête a cette sorte de spasme qui me fait hocher de la tête en reniflant très fort. J'ai vraiment l'air d'un cave. Et là, chose encore pire, j'me mets à baver. Ouais, là, devant Mme Larmor, ma directrice. Mais le problème est que je suis pas capable de m'arrêter. Mme Larmor me regarde avec de gros yeux et me demande ce qui se passe. Ma tête tourne trop, et là, y'a des citrouilles qui tournent avec, en plus. Je me rappelle tout à coup que j'ai encore une citrouille à terminer. Merde! J'essaye de lui répondre, mais ma langue est trop engourdie et j'fais rien que baver encore plus, l'air bête avec les yeux hors focus. J'essaye avec beaucoup d'effort de dire « citrouille », mais ça sort plutôt comme « pleuitoubleub, pleuitoubleub, » avec un joli petit filet de bave dégoulinant sur mon menton. Mme Larmor me jette un regard furieux et me dit que je dois immédiatement rentrer chez moi. Oh! Et que j'ai une semaine de suspension. Normalement, j'me serais jamais plaint de pouvoir quitter l'école tôt, mais maintenant je peux dire bye à ces deux billets de rêve et, en plus, j'me fais punir pour quelque chose que j'ai PAS fait! Mais c't'inutile d'essayer de me défendre maintenant étant donné que j'me comporte comme un patient qui vient de subir une lobotomie.

Je sors du bureau de Mme Larmor de peine et de misère. Pis là, j'me dis que puisque j'suis suspendu pour une semaine de toute façon, j'va pas aller à la maison tout de suite. Il faut que j'finisse ma citrouille! J'ai *besoin* d'aller voir Poets in Vain en concert! Alors j'repars vers la salle d'arts, avec une seule idée en tête. J'suis même pas proche de la classe d'arts quand, tout à coup, la cloche sonne. Uh oh! Soudainement, j'vois une multitude d'ados affamés sortir de leurs classes en courant pour avoir les micro-ondes en premier. J'me colle contre le mur pour pas me faire piétiner.

Quand j'arrive *enfin* à destination, je réalise avec horreur qu'y a plus personne dans la classe. La porte est barrée et les lumières sont éteintes. C'est fini. J'peux p'us rien faire. Sauf p't-être de retourner à la maison. Mais avant de partir, j'dois vraiment utiliser la salle de bain. J'sens que ma vessie va exploser! J'entre dans le vestiaire les yeux à moitié fermés. J'avance tranquillement vers les toilettes quand tout à coup, tout devient noir. J'me fais réveiller par un coup de pied dans le tibia. J'ai le corps tout engourdi et ma joue complètement mouillée par ma salive. Je regarde autour de moi et j'aperçois Al, penché au-dessus de moi, l'air surpris. « Qu'est-ce tu fais couché dans une stalle de toilette, Sacha? Tsé que ça fait genre trois heures que Mme Marguerite te cherche? » Hein? Trois heures? Mais je suis entré ici y'a à peine vingt secondes.

Al me prend par le bras et me relève. Ma tête fait encore mal, mais ma vision est moins pire qu'avant. « Viens-t'en, Sacha! » Al me poigne le bras et me tire hors du vestiaire. On tombe vite sur Mme Marguerite, une fleur dans les cheveux, qui tient dans ses mains ma citrouille, toute tachée de sang. « Je voulais te remettre ta splendide citrouille, Sacha, ainsi que ces deux billets. Ta citrouille est la meilleure. Un concept tellement original et créatif! Tu mérites bien de gagner. Au revoir, Sacha, et que la paix soit avec toi. » Al la salue à son tour, et elle repart en chantant.

Oh wow! *Ma* citrouille. Et dire que j'ai même pas pu la finir, mais j'ai gagné quand même à cause de ma petite touche personnelle. Genre un litre de sang éclaboussé partout dessus. Al me regarde avec envie. C'est pas tout le monde qui a des billets pour un concert de Poets in Vain! YESSS! Ça va être GÉNIAL! Cette coupure a valu la peine parce que j'ai DEUX BILLETS! Deux billets pour Po… Oh non! Poetry Reigns? POETRY REIGNS!? Merde! Tout ça pour rien! J'ai souffert le martyre pour aller écouter des poètes parler! Al me regarde, incrédule. Ouais, ben j'irai pas souffrir tout seul. C'est grâce à sa terrible maladresse que j'ai gagné les billets, donc il mérite bien une petite récompense, non?

Table des matières